¡El N.° 1 recomendado por los profesores!

Summer Bridge

ACTIVITIES®
PARA HISPANOHABLANTES

GRADOS EN TRANSICIÓN
3° a 4°

Carson Dellosa Education
Greensboro, North Carolina

Summer Bridge®
An imprint of Carson Dellosa Education
PO Box 35665
Greensboro, NC 27425 USA

ISBN 978-1-4838-6530-0

01-046221151

Índice

Este libro ayudará a tu hijo a repasar los conocimientos aprendidos en tercer grado y a anticiparse a las habilidades requeridas para el cuarto grado. En su interior encontrarás muchos recursos que animarán a tu hijo a practicar, aprender y crecer mientras se adelanta al nuevo año escolar.

Solo 15 minutos al día
... es todo lo que se necesita para mantenerse en forma con las actividades de aprendizaje de cada día de la semana ¡durante todo el verano!

Organización mes por mes

Tres secciones codificadas por colores corresponden a los tres meses de vacaciones de verano. Cada mes comienza con una actividad de establecimiento de objetivos y una actividad de refuerzo de vocabulario. También encontrarás una introducción a la sección de acondicionamiento físico y de desarrollo del carácter.

Actividades diarias

Proporcionamos dos páginas de actividades para cada día de la semana. Completarlas toma unos 15 minutos. Las actividades abarcan matemáticas, comprensión lectora, redacción, gramática y más.

Apartados especiales

ACONDICIONAMIENTO FÍSICO: Ejercicios rápidos para desarrollar la fuerza, la flexibilidad y la aptitud física.

PRUEBA DE CARÁCTER: Ideas para desarrollar la amabilidad, la honestidad, la tolerancia y más.

DATO: Datos curiosos.

Muchas características adicionales
... ¡se adaptan a las necesidades e intereses de tus hijos!

Actividades adicionales

Las actividades de estudios sociales exploran lugares, mapas y mucho más, y son el complemento perfecto para los viajes de verano. Los experimentos científicos invitan a tu hijo a interactuar con el mundo y a desarrollar el pensamiento crítico.

¡Vamos afuera!

Una colección de divertidas ideas para observar, explorar y aprender al aire libre, además de juegos para cada mes del verano.

Tarjetas de desarrollo de habilidades

Recorta las tarjetas que están en la parte posterior del libro. Guárdalas en una bolsa con cremallera o haz un agujero en cada una de ellas y ensártalas en una anilla. Lleva las tarjetas contigo para practicar sobre la marcha.

¡Dale esos cinco
... a tu hijo por un trabajo bien hecho!

Estrellas

Usa las calcomanías de estrellas que están al final del libro. Coloca una en el espacio provisto al final de cada día de actividades cuando las páginas hayan sido completadas.

Reconocimiento y recompensas

Al terminar las actividades de aprendizaje de la semana o del mes, ofrécele a tu hijo una recompensa. Puede ser un regalo especial, una salida o pasar tiempo juntos. Reconoce el progreso que ha hecho.

Certificado de finalización

Al terminar el verano, completa y presenta el certificado que aparece al final del libro. Felicita a tu hijo por haberse preparado para el siguiente año escolar.

Matriz de habilidades

Día	Suma y resta	Desarrollo del carácter	Acondicionamiento físico	Fracciones	Geometría	Gráficas y probabilidad	Lengua, literatura y escritura	Medidas	Multiplicación y división	Números	Partes de la oración	Valor posicional	Prefijos y sufijos	Resolución de problemas	Puntuación y mayúsculas	Comprensión lectora	Ciencia	Estructura de la oración	Estudios sociales	Ortografía	Vocabulario	Estudio de palabras
1														★		★					★	
2									★	★					★							★
3	★						★		★				★									
4						★	★				★			★								
5									★		★					★						
6			★						★		★			★								
7						★				★	★							★				
8								★						★								
9								★								★						
10				★	★						★							★				
11		★							★		★										★	
12									★						★							
13									★								★					★
14				★			★	★														
15				★							★				★						★	
16			★				★				★					★						
17													★			★						
18							★		★		★											
19							★		★							★						
20	★								★		★											
								★		★	¡PÁGINAS EXTRA!						★		★			
1							★		★						★							
2							★				★					★					★	
3			★								★		★							★		
4					★		★				★										★	
5	★				★			★			★											
6									★		★										★	
7	★							★			★							★				
8			★					★	★						★							
9									★							★					★	
10	★										★		★								★	
11	★						★					★									★	

Matriz de habilidades

Día	Suma y resta	Desarrollo del carácter	Acondicionamiento físico	Fracciones	Geometría	Gráficas y probabilidad	Lengua, literatura y escritura	Medidas	Multiplicación y división	Números	Partes de la oración	Valor posicional	Prefijos y sufijos	Resolución de problemas	Puntuación y mayúsculas	Comprensión lectora	Ciencia	Estructura de la oración	Estudios sociales	Ortografía	Vocabulario	Estudio de palabras
12					★							★			★	★						
13					★					★						★					★	
14				★		★	★				★											
15							★							★								
16		★					★								★	★						
17				★				★						★		★						
18				★							★										★	
19	★			★					★												★	★
20				★												★				★		
¡PÁGINAS EXTRA!								★									★		★		★	
1	★								★							★				★		
2			★						★							★						
3							★									★						
4							★	★	★	★												
5			★	★				★								★						
6				★												★					★	
7				★			★	★								★						
8					★											★						★
9					★		★	★						★								
10				★			★									★						
11	★	★					★															
12							★		★							★						
13				★			★														★	★
14				★											★	★						
15									★							★		★				
16	★						★					★				★						
17	★			★												★		★				
18							★								★	★						
19					★		★									★						
20	★											★				★						
¡PÁGINAS EXTRA!							★	★									★		★			

Lectura de verano para todos

La lectura es la habilidad más importante para el éxito escolar. Los expertos recomiendan que los estudiantes de tercero y cuarto grado lean al menos 25 minutos cada día. Ayuda a tu hijo a elegir varios libros de esta lista según sus intereses (los libros sugeridos están en inglés, pero muchas bibliotecas podrían tener las versiones en español o libros similares). Pídele que elija al menos un título de ficción (F) y otro de no ficción (NF). ¡A continuación, vayan a la biblioteca local para comenzar la aventura de la lectura!

Si te gustan los animales...
Two's a Crowd
de Flora Ahn (F)
Ultimate Bugopedia
de Darlyne Murawski
y Nancy Honovich (NF)

Si te gustan las historias sobre inventos...
Rosie Revere, Engineer
de Andrea Beaty (F)
Whoosh!: Lonnie Johnson's Super-Soaking Stream of Inventions
de Chris Barton (NF)

Si te gustan las historias de aventuras...
The Wild Robot
de Peter Brown (F)
Titanic: Voices from the Disaster
de Deborah Hopkinson (NF)

Si te gustan las historias sobre el pasado...
I Survived the Eruption of Mount St. Helens, 1980
de Lauren Tarshis (F)
The Tree Lady: The True Story of How One Tree-Loving Woman Changed a City Forever
de Joseph Hopkins (NF)

Si te gusta leer sobre el espacio...
Spaced Out
   de Stuart Gibbs (F)
Counting on Katherine: How Katherine Johnson Saved Apollo13
   de Helaine Becker (NF)

Si te gusta la poesía...
Where the Sidewalk Ends
   de Shel Silverstein (F)
Horton Hatches the Egg
   del Dr. Seuss (F)

Si te gustan los relatos de misterio...
Framed!
   de James Ponti (F)
History's Mysteries: Curious Clues, Cold Cases, and Puzzles from the Past
   de Kitson Jazynka (NF)

Si te gustan los cómics y las novelas gráficas...
Giants Beware!
   de Jorge Aguirre (F)
Smile
   de Raina Telgemeier (NF)

Si te gustan los deportes...
The Boy Who Saved Baseball
   de John Ritter (F)
Who Are Venus and Serena Williams?
   de James Buckley Jr. (NF)

Si te gustan las historias sobre el medio ambiente...
Ada's Violin: The Story of the Recycled Orchestra of Paraguay
   de Susan Hood y Sally Wern Comport (NF)
A River Ran Wild
   de Lynne Cherry (NF)

Encuentra oportunidades de aprendizaje a donde quiera que vayas, ¡durante todo el verano!

Lectura

- Para ver dónde te sientes más cómodo leyendo, experimenta haciéndolo en diferentes lugares, dentro y fuera de casa.
- Elige una parte interesante de un libro para leerla en voz alta a un amigo o familiar.

Lengua y literatura

- Escribe un cuento misterioso y comprueba si un amigo puede adivinar el final antes de terminarlo.
- Escribe un poema para recitarlo al aire libre a tus amigos o familiares.

Matemáticas

- Haz una versión de tu juego de mesa favorito basado en las matemáticas, y juégalo con un amigo.
- Practica calcular cosas utilizando la multiplicación y la división, como el número de artículos que hay en una estantería.

Ciencia y estudios sociales

- Aprende sobre el comportamiento de los animales de la fauna cercana. Observa a los animales a distancia y anota lo que hacen. Enseña lo que aprendiste.
- Pasa tiempo con un abuelo u otra persona mayor. Enséñales un juego, una canción o un baile que te guste. Pídeles que te enseñen un juego, una canción o un baile de cuando ellos tenían tu edad.

Carácter y acondicionamiento físico

- Haz una lista de tres cosas amables que mejoren tu día. Practica hacer estas cosas por los demás al menos una vez a la semana.
- Aprende a utilizar una nueva habilidad física. Puede ser saltar la cuerda, lanzar una pelota de béisbol o incluso practicar un nuevo baile. Sigue intentándolo hasta que te sientas seguro.

Objetivos mensuales

Un objetivo es algo que quieres conseguir. ¡A veces, alcanzar un objetivo puede ser difícil!

Piensa en tres objetivos que quieras cumplir este mes. Por ejemplo, tal vez quieras leer durante 20 minutos, cada día. Escribe tus objetivos en las líneas y revísalas con un adulto.

Coloca una estrella junto a cada objetivo que cumplas. Siéntete orgulloso de haber cumplido tus objetivos.

1. ______________________________ COLOCA UNA ESTRELLA AQUÍ.

2. ______________________________ COLOCA UNA ESTRELLA AQUÍ.

3. ______________________________ COLOCA UNA ESTRELLA AQUÍ.

Lista de palabras

En esta sección se utilizan las siguientes palabras. Es bueno que las conozcas. Lee cada palabra. Utiliza un diccionario para buscar todas las palabras que no conozcas. A continuación, escribe dos oraciones en inglés. Utiliza al menos una palabra de la lista de palabras en cada oración.

briefly (brevemente)	exhibition (exposición)
bronze (bronce)	glacier (glaciar)
concentrate (concentrarse)	league (liga)
design (diseño)	relief (relieve)
displayed (mostró)	representing (representan)

1. ______________________________________

____

2. ______________________________________

____

Introducción a la flexibilidad

Esta sección incluye actividades de acondicionamiento físico y de desarrollo de un carácter flexible. Estas actividades están diseñadas para mantenerte en movimiento y para hacerte pensar sobre tu condición física y el desarrollo de tu carácter. Si tienes una movilidad limitada, no dudes en modificar los ejercicios sugeridos para adaptarlos a tus capacidades individuales.

Flexibilidad física

Para muchas personas, ser flexible significa realizar fácilmente las tareas cotidianas, como agacharse para atarse un zapato. Estas tareas pueden ser difíciles para las personas que no se estiran a menudo.

Los estiramientos harán que tus músculos sean más flexibles. También puede mejorar tu equilibrio y coordinación.

Probablemente te estiras todos los días sin darte cuenta. ¿Alguna vez recoges un lápiz que se te cayó o sacas una caja de cereales del estante más alto? Si lo haces, te estás estirando. Intenta mejorar tu flexibilidad este verano. Fija un objetivo de estiramiento. Por ejemplo, puedes estirarte todos los días hasta que puedas tocarte los dedos de los pies.

Flexibilidad de carácter

Es bueno tener un cuerpo flexible, pero también es necesario ser flexible mentalmente. Esto significa estar abierto al cambio.

Puede ser molesto cuando las cosas no salen como uno quiere. ¿Se te ocurre alguna ocasión en la que un imprevisto haya arruinado tus planes? Por ejemplo, una excursión al zológico se cancela porque el auto tiene una rueda pinchada. Los acontecimientos inesperados ocurren a veces. La forma en que reaccionas a esos acontecimientos suele afectar al resultado. Ármate de herramientas para ser flexible. Ten expectativas realistas. Encuentra la manera de mejorar las malas situaciones. Busca las cosas buenas que puedan surgir de los eventos decepcionantes.

Puedes ser flexible mentalmente mostrando respeto a los demás. Compartir y aceptar las diferencias de otras personas también son formas de ser mentalmente flexible. Este rasgo de carácter se hace más fácil con la práctica. Durante el verano, practica y utiliza tu flexibilidad mental con frecuencia.

DÍA 1

Resuelve cada problema.

1. Don está recogiendo manzanas. Pone 36 manzanas en cada caja. ¿Cuántas manzanas hay en 9 cajas?

2. La señorita Brown tiene 25 alumnos en su clase. Quiere hacer 5 equipos iguales para una carrera de relevos. ¿Cuántos alumnos habrá en cada equipo?

3. Zack ahorró 9 dólares para comprar una nueva pelota. Hoy recibirá 3 dólares de su padre. ¿Cuánto dinero más necesitará para comprar la pelota que cuesta 19.95 dólares?

4. Jenna ahorra 867 centavos en mayo, 942 en junio y 716 en julio. ¿Cuánto ahorró en estos tres meses?

Lee cada grupo de *palabras relacionadas* (related words). Escribe otras dos palabras relacionadas para cada grupo.

EJEMPLO:

robin, owl, pigeon — quail — pheasant

5. peaches, apples, pears — __________ — __________

6. spoon, bowl, cup — __________ — __________

7. lake, pond, river — __________ — __________

8. branches, sticks, wood — __________ — __________

9. lemonade, water, milk — __________ — __________

10. dollar, dime, penny — __________ — __________

11. carrot, celery, cucumber — __________ — __________

12. dress, shoes, skirt — __________ — __________

13. tennis, golf, racquetball — __________ — __________

DÍA 1

Lee el siguiente párrafo. Después, responde a las preguntas.

Glaciers

A glacier is a large, thick mass of ice. It forms when snow hardens into ice over a long period of time. It might not look like it, but glaciers can move. Glaciers usually move slowly. If a lot of ice melts at once, a glacier may **surge** forward, or move suddenly. Most glaciers are found in Antarctica (the continent at the South Pole) or in Greenland (a country near the North Pole). Areas with glaciers receive a lot of snowfall in the winter and have cool summers. Most glaciers are located in the mountains where few people live. Occasionally, glaciers can cause flooding in cities and towns. Falling ice from glaciers may block the path of people hiking on trails farther down the mountain. Icebergs are large, floating pieces of ice that have broken off from glaciers. Icebergs can cause problems for ships at sea.

14. What is the main idea of this passage?
    A. Icebergs can be dangerous to ships.
    B. Glaciers are large masses of ice found mainly in the mountains.
    C. People usually live far away from glaciers.

15. How does a glacier form? _______________________________________

____

16. What does the word *surge* mean in this passage?
    A. move forward suddenly
    B. freeze into ice
    C. break off from an iceberg

17. Where are most glaciers located? _________________________________

18. What is the weather like where glaciers are found? __________________

19. What effects can glaciers have on humans?_________________________

____

DATO: Los glaciares almacenan alrededor del 75% del agua dulce de la Tierra.

DÍA 2

Escribe la *palabra base* (base word) de cada palabra.

1. playful _______________

2. disinterest _______________

3. rewrite _______________

4. uncover _______________

5. spoonful _______________

6. quickly _______________

7. happiness _______________

8. doubtful _______________

9. kindness _______________

10. recover _______________

Sigue las indicaciones.

11. Dibuja un cuadrado alrededor del número mayor.

12. Cuenta de dos en dos hasta 40. Subraya los números que utilices.

13. Dibuja un triángulo alrededor del número que resulte de restarle 4 a 62.

14. Dibuja una X sobre cada número impar.

15. Encierra en un círculo todas las letras mayúsculas. Escribe en orden las letras que encerraste en un círculo, empezando por la fila superior y moviéndote de izquierda a derecha.

b	r	q	e	o	S	c	r	y	10	6	3
U	y	10	5	2	4	M	z	1	q	a	i
6	v	0	7	8	M	p	2	10	17	12	l
r	b	14	18	b	e	16	f	h	19	E	s
18	5	14	7	2	p	m	n	z	58	20	s
94	86	22	2	R	17	I	0	24	n	x	c
26	39	3	a	d	e	28	g	S	52	19	30
7	j	F	k	32	y	34	4	31	t	10	36
0	n	e	n	38	o	80	98	U	47	x	p
w	m	m	11	N	3	14	39	c	r	e	t
q	u	v	9	7	6	w	5	40	w	13	19

____

PRUEBA DE CARÁCTER: Busca la palabra *considerado* (considerate) en un diccionario. Después, piensa en dos formas de ser considerado.

DÍA 2

Utiliza los números de cada círculo para hacer *enunciados numéricos* (number sentences).

16.

3

6   18

_______ × _______ = _______

_______ × _______ = _______

_______ ÷ _______ = _______

_______ ÷ _______ = _______

17.

9

4   36

_______ × _______ = _______

_______ × _______ = _______

_______ ÷ _______ = _______

_______ ÷ _______ = _______

18.

6

8   48

_______ × _______ = _______

_______ × _______ = _______

_______ ÷ _______ = _______

_______ ÷ _______ = _______

En inglés, cada palabra importante de un título debe comenzar con una letra mayúscula. Lee las oraciones. Dibuja tres líneas cortas debajo de cada letra que deba ir en mayúscula, así: c.

19. On the way to vacation, we listened to the audiobook *How to eat fried worms.*

20. Mom gets a little teary when she hears the Beatles song "let it Be."

21. This year, the high school is putting on the musical "My fair Lady."

22. If you like mysteries, read *Watcher in the piney woods.*

23. At Ruby's sleepover, we watched *how to train your dragon.*

24. Cameron memorized Robert Frost's poem "Stopping by woods on a snowy evening."

25. At camp this summer, I learned the song "On Top of spaghetti."

26. My sister and I have watched the movie *frozen* four times.

* Ve la página ii.

Suma para encontrar cada *adición* (sum).

1.   634
  + 68
	2. 87
	   +89
		3. 493
		  + 77
			4. 888
			  + 45
				5. 732
				  + 99

6.   47
  +76
	7. 496
	  + 94
		8. 557
		  + 23
			9. 347
			  + 54
				10. 665
				  + 37

Reescribe cada conjunto de palabras subrayadas para convertirlas en un posesivo.

11.   Have you seen <u>the mitten belonging to Margot</u>? _______________________

12.   The <u>towels belonging to the boys</u> are in the dryer. _______________________

13.   We put <u>the bike belonging to Salim</u> in the garage. _______________________

14.   The <u>chirping of the birds</u> woke me up. _______________________

15.   <u>The hat belonging to Charles</u> is navy and red. _______________________

16.   "<u>The leaves of the maple tree</u> have begun to fall!" said Jax. _______________________

17.   <u>The books belonging to Kylie</u> are on the counter. _______________________

18.   Lauren lost <u>the goggles belonging to Mariko</u> in the pool. _______________________

DATO: Se conoce a más de 10 000 especies de hormigas en la Tierra.

DÍA 3

Lee la historia. Luego, escribe el *prefijo* (prefix) correcto en cada espacio en blanco. Utiliza *dis-*, *in-*, *re-* o *un-*.

My Uncle Paul worked in a bookstore. Uncle Paul always helped me find books to read.

He was never (19.) __________pleased if I asked him for help. I (20.) __________call

the day I asked for a book about unsolved mysteries. Uncle Paul

(21.) __________covered some on the very top of the back shelf. They were dirty and

smelled dusty. They looked as if they had been (22.) __________touched for years.

I started to read one. As I looked (23.) __________side, I noticed that some of the

pages were missing from the very end of the book. "Oh no!" I said. "This story is

(24.) __________complete. Now, I'll never know how it ends." I must have looked pretty

(25.) __________appointed because Uncle Paul tried to cheer me up. He said, "I think you

(26.) __________covered a real unsolved mystery!"

De la historia, elige tres palabras con prefijos. Escribe las palabras y su significado en las líneas.

____

____

____

Resuelve los problemas.

27.	28.	29.	30.	31.	32.
30 × 9	50 × 5	80 × 3	90 × 7	40 × 6	20 × 8

Resuelve cada problema de palabras.

1. En junio, julio y agosto leí 6 libros cada mes. ¿Cuántos libros leí durante estos tres meses?

2. Carla se fue de viaje. Tomó 120 fotos durante su viaje de 3 días. ¿Cuántas fotos tomó cada día?

3. Josie observó pájaros en su jardín durante una semana. Vio 6 pájaros cada día. ¿Cuántos pájaros vio en total?

4. Nico se quedó a dormir e invitó a 7 amigos. Su madrastra preparó 32 mini magdalenas para el desayuno. ¿Cuántas magdalenas podría comer cada niño?

Subraya la palabra en el paréntesis que complete correctamente cada oración.

5. Luis and Kate (is, are) looking for something to do on a sunny day.

6. They decide to (makes, make) an obstacle course.

7. Kate drags out a few old tires that (her, she) dad said were in the garage.

8. Luis (brings, bring) over three pool noodles.

9. "What else can (us, we) use?" wonders Kate aloud.

10. "I (see, sees) a few big branches that might work," suggests Luis.

11. After a lot of work, Kate and Luis are satisfied with (our, their) obstacle course.

12. "Who should (try, tries) it first?" asks Kate.

DÍA 4

Estudia el pictograma. A continuación, responde cada pregunta.

Mes	Ruedas vendidas
Enero	⭕⭕⭕⭕⭕◖
Febrero	⭕⭕
Marzo	⭕◖
Abril	⭕⭕⭕◖
Mayo	⭕

Clave
⭕ = 500 ruedas

13. ¿Cuántos ruedas más se vendieron en abril que en febrero?

____

14. ¿Cuál es la diferencia entre el menor número de ruedas vendidas en un mes y el mayor número de ruedas vendidas?

____

Un *adjetivo* (adjective) es una palabra que describe a un *sustantivo* (noun). Encierra en un círculo el adjetivo que describa cada sustantivo subrayado.

15. Some prairie dogs live in large <u>communities</u> under the ground.

16. A mother prairie dog makes a nest of dried <u>plants</u> in the spring.

17. She gives birth to a litter of four <u>pups</u>.

18. She is a good <u>mother</u> and takes care of her pups.

19. The pups are ready to venture outside after six <u>weeks</u>.

20. The pups have many <u>friends</u>.

* Ve la página ii.

COLOCA UNA ESTRELLA AQUÍ.

Lee el pasaje. A continuación, responde las preguntas.

The Olympic Games

During the Olympic Games, people from all over the world gather to compete in different sporting events. The original Olympics were held in Greece around 776 B.C. Athletes came together every four years to run races of different lengths. Those who won were given wreaths of olive branches. The modern Olympics were first held in 1896 in Greece. In 1994, the International Olympic Committee decided that the summer and winter Olympic Games should be held in different years. This means that every two years, thousands of people **representing** more than 200 countries come together to compete in either summer or winter sports. Today's top athletes receive gold, silver, or bronze medals and compete in hundreds of different events. The Olympics give each host country a chance to show its culture both to the people who come there and to the people who watch on TV. The sports may be different than in the original Olympics, but the spirit of goodwill and good sportsmanship is still the same.

1. What is the main idea of this passage?
    A.   The Olympics are held every four years.
    B.   The original Olympics and the modern Olympics.
    C.   Today's top athletes receive gold, silver, or bronze medals.

2. When and where were the original Olympics held? _______________________

3. What did winners receive at the early Olympics? _______________________

4. How did the Olympics change in 1994? _______________________

____

5. What does the word *representing* mean? _______________________

____

6. How do the Olympics help people learn about different cultures? _______________________

____

DÍA 5

Encuentra el valor de *?* en cada uno de los siguientes problemas.

7. $6 \times (5 \times ?) = (6 \times 5) \times 12$? = __________

8. $(? \times 9) \times 3 = 16 \times (9 \times 3)$? = __________

9. $(5 \times 8) \times 10 = 5 \times (? \times 10)$? = __________

10. $2 \times (? \times 6) = (2 \times 14) \times 6$? = __________

11. $(? \times 6) \times 11 = 9 \times (6 \times 11)$? = __________

12. $5 \times (5 \times ?) = (5 \times 5) \times 8$? = __________

13. $(14 \times ?) \times 6 = 14 \times (3 \times 6)$? = __________

14. $20 \times (4 \times 7) = (? \times 4) \times 7$? = __________

Escribe las formas correctas de cada adjetivo.

	Adjetivos que comparan dos sustantivos	Adjetivos que comparan más de dos sustantivos
EJEMPLO: long	longer	longest
15. soft		
16. large		
17. flat		
18. sweet		
19. wide		
20. cool		

COLOCA UNA ESTRELLA AQUÍ.

Resuelve cada problema.

1. $25 \div 5 =$ _______
2. $4 \times 16 =$ _______
3. $81 \div 9 =$ _______
4. $28 \div 4 =$ _______
5. $36 \div 6 =$ _______
6. $9 \times 2 =$ _______
7. $11 \times 9 =$ _______
8. $14 \times 6 =$ _______
9. $39 \div 3 =$ _______
10. $6 \times 11 =$ _______
11. $18 \div 3 =$ _______
12. $10 \times 3 =$ _______
13. $14 \div 7 =$ _______
14. $5 \times 6 =$ _______
15. $7 \times 7 =$ _______

La ventaja atlética

Los estiramientos tienen muchos beneficios. ¿Te gusta el baloncesto, el baile o cualquier otra actividad física que requiera que te muevas, corras o saltes? Si es así, deberías tratar de mejorar tu flexibilidad. Sea cual sea tu actividad física favorita, fíjate el objetivo de realizar al menos un estiramiento cada día que te ayude a ser un mejor deportista. Por ejemplo, si te gusta el tenis y quieres mejorar tu revés, practica un estiramiento para girar el torso al menos dos veces al día. Al igual que con todos los ejercicios de estiramiento, empieza poco a poco. Aumenta gradualmente los estiramientos a medida que te vuelvas más flexible. Así es como los atletas profesionales mejoran sus habilidades. De modo que, ¡estira para mejorar tu rendimiento!

* Ve la página ii.

DÍA 6

Resuelve cada problema de palabras. Muestra tu trabajo.

16. Bobbi hizo 8 cuartos de litro de ponche para la fiesta. ¿Cuántas tazas hizo?

17. Juntas, dos cajas de especias pesan 4 libras y 8 onzas. Cada libra vale 400 dólares. ¿Cuánto valen las cajas en total?

18. La señora Lackey le dio una calculadora a cada alumno de su clase. Cada calculadora pesa 16 onzas. Si la señora Lackey tiene 20 alumnos, ¿cuántas libras pesaron las calculadoras en total?

19. La escuela de Virginia pidió 20 cajas de leche. En cada caja había 35 envases de leche. Al final de la semana se utilizaron 265 envases. ¿Cuántos envases quedaron?

Un *sustantivo* (noun) nombra una persona, un lugar o una cosa. Un *verbo de acción* (action verb) indica lo que hace el sustantivo. Encierra los sustantivos en un círculo. Subraya los verbos.

elephant	sang	ate	fixed
laugh	tent	Mr. Chip	team
book	California	guitar	landed
Lake Street	cleaned	yell	played
visited	Kent	write	strength
engine	see	broccoli	tasted

DATO: Saturno es el único planeta de nuestro sistema solar que podría flotar en agua.

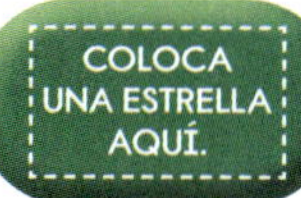

Los *sustantivos abstractos* (abstract nouns) son sentimientos, conceptos e ideas. Algunos ejemplos son: *esperanza* (hope), *valentía* (bravery) y *orgullo* (pride). Subraya el sustantivo abstracto en cada oración.

1. Colonel Graham knows that the cadets respect him.

2. We were so grateful for our neighbors' generosity after the fire.

3. "I am almost out of patience," warned Mom.

4. We could see Izzy's satisfaction when she finally finished the puzzle.

5. Ryan's silliness made the whole group laugh.

6. Dionne showed courage when he faced the auditorium and started to speak.

Estudia el gráfico de barras. A continuación, responde cada pregunta.

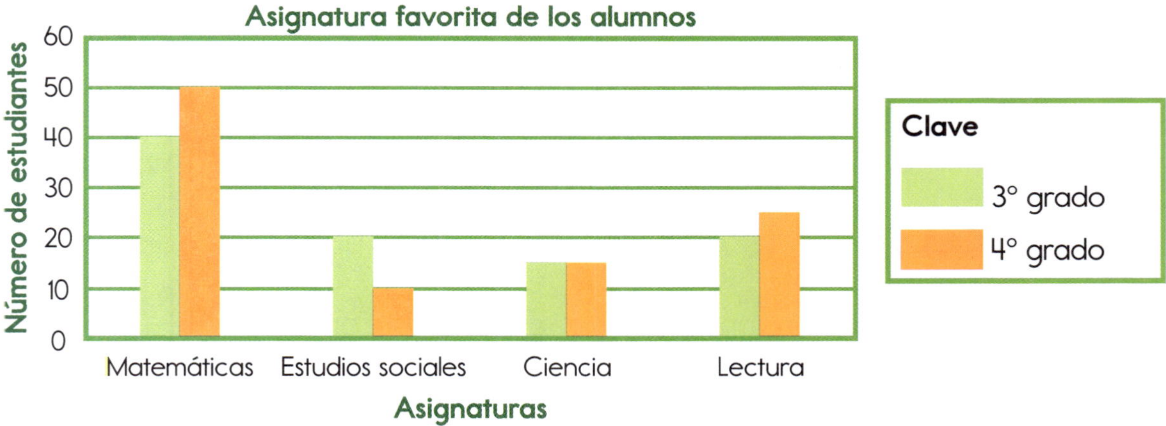

7. ¿Cuál es el número total de alumnos a los que les gustan los estudios sociales?

8. ¿Cuántos alumnos en total hay en 3°? ¿Y en 4°?

9. ¿Entre 3° y 4° de primaria qué asignaturas tienen mayor diferencia?

10. ¿En 3° grado, a cuántos estudiantes les gustan más las matemáticas que la lectura? ¿Y en 4° grado?

DÍA 7

Redondea cada número a la decena más cercana.

EJEMPLO:

28 = __30__   11.   85 = ________   12.   13 = ________   13.   44 = ________

14.   33 = ________   15.   92 = ________   16.   78 = ________   17.   18 = ________

Redondea cada número a la centena más cercana.

18.   767 = ________   19.   841 = ________   20.   211 = ________   21.   587 = ________

Lee cada oración. En la línea, escribe S si es una *oración simple* (simple sentence), *C* si es una *oración compuesta* (complex sentence) y *CX* si es una *oración compleja* (complex sentence). Luego, subraya cada conjunción en las oraciones compuestas y complejas.

22.   ________   Before school starts, Jada wants a new backpack.

23.   ________   Mr. O'Rourke retired from teaching last year.

24.   ________   Unless you finish your homework, we won't be able to watch the movie.

25.   ________   Owen and Rosie are going camping today, but they'll be back on Sunday.

26.   ________   We can cook chicken, or we can go out for dinner.

27.   ________   Although I like to ride my bike, I'm going to roller-skate to Jenna's house today.

28.   ________   Nazim is going to vacuum, and Molly is going to dust.

29.   ________   Because Gabriela lost the book, she'll have to pay a fine.

* Ve la página ii.

DÍA 8

Jonah y su mamá están construyendo una cama elevada para el jardín. Jonah mide las tablas que encuentra en el cobertizo y que podrían ser útiles. Dibuja una X sobre la línea de trazado para mostrar la longitud de cada tabla.

$42 \frac{1}{2}$ pulgadas	$46 \frac{3}{4}$ pulgadas
42 pulgadas	$40 \frac{1}{4}$ pulgadas
$46 \frac{3}{4}$ pulgadas	$42 \frac{1}{2}$ pulgadas
$40 \frac{1}{4}$ pulgadas	$40 \frac{1}{4}$ pulgadas
$42 \frac{1}{2}$ pulgadas	$40 \frac{1}{4}$ pulgadas
$46 \frac{3}{4}$ pulgadas	44 pulgadas

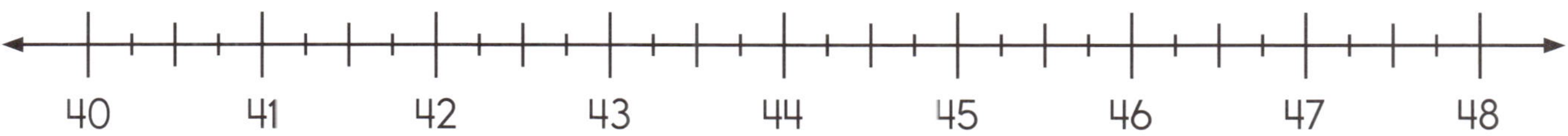

Para añadir las comas que hacen falta en el diálogo de abajo, utiliza la siguiente marca: ⌄ .

1. "I'd like to ride the Ferris wheel first" said Anya.

2. "I'll meet you over there" said Kahlil "after I get something to drink."

3. "The fair seems even more crowded this year than last" commented Riley.

4. "My favorite attraction is the bumper cars" said Jacob "but I also love the giant slides."

5. "I can't go on anything that spins" said Kahlil "because it makes me feel sick."

6. Riley pointed and said "There's the frozen lemonade stand."

7. Anya asked "What time are you meeting your parents?"

8. "The line is too long for the rocket ship ride" decided Oliver.

DÍA 8

Halla el área de cada figura.

9.

________ × ________ = ________
base   altura   área total

10.

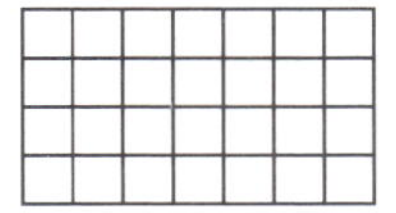

________ × ________ = ________
base   altura   área total

11.

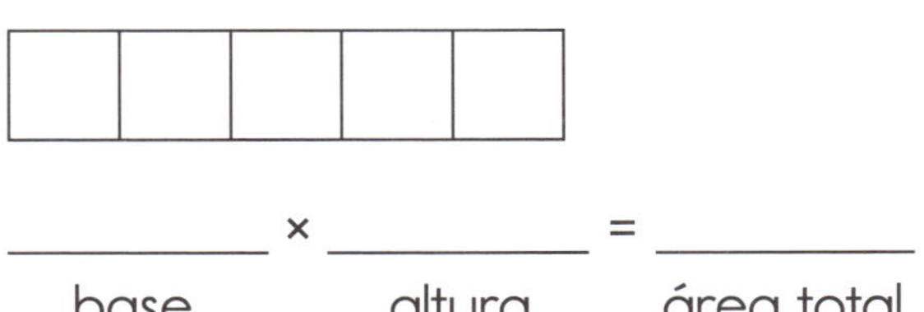

________ × ________ = ________
base   altura   área total

12.

________ × ________ = ________
base   altura   área total

Calcula el volumen o la masa de cada elemento. Encierra tu respuesta en un círculo.

13.   Un cacahuate.

     A.   1 gramo   B.   100 gramos   C.   1 kilogramo

14.   La cantidad de líquido que hay en una cucharita.

     A.   5 mililitros   B.   50 mililitros   C.   500 mililitros

15.   La cantidad de líquido que puede contener una bañera.

     A.   1 litro   B.   150 litros   C.   15 mililitros

Resuelve cada problema de palabras. Sugerencia: puede ser útil hacer los dibujos en una hoja aparte.

16.   Una manzana pesa unos 85 gramos. ¿Cuánto pesarían 4 manzanas?   ________

17.   La familia DeMarco está de mudanza. Su caja más grande pesa 50 kilogramos. Tiene una masa 5 veces mayor que la masa de su caja más pequeña. ¿Cuál es la masa de la caja más pequeña?   ________

18.   Jordan utiliza tres recipientes para su experimento. El primero contiene 150 mililitros; el segundo, 300 mililitros; y el tercero, 475 mililitros. ¿Cuánto contienen los recipientes en total?   ________

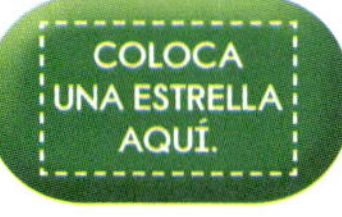

Escribe el perímetro de cada figura o las longitudes de los lados que faltan.

1.

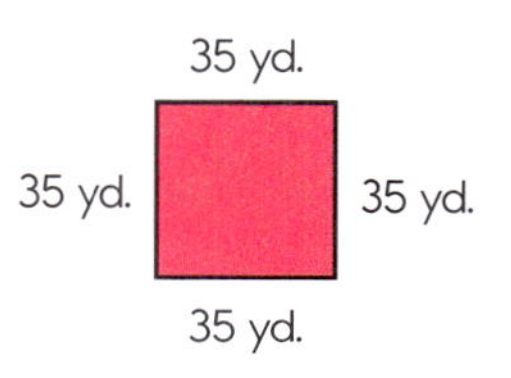

perímetro = ______________ yd.

2.

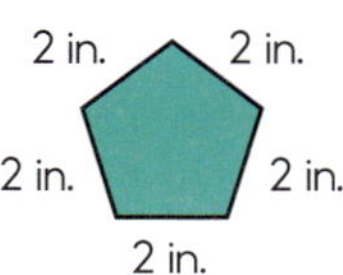

perímetro = ______________ in.

3.

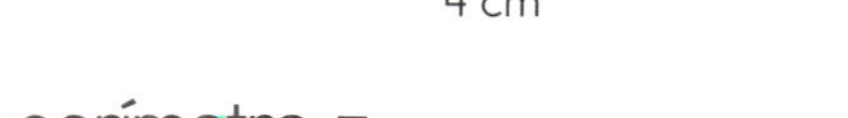

perímetro = ______________ cm

4.

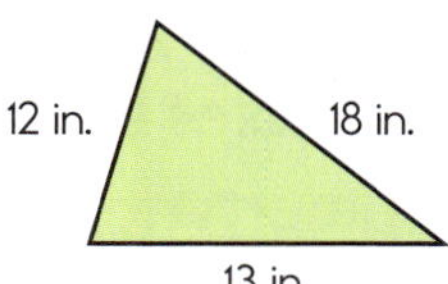

perímetro = ______________ in.

5.

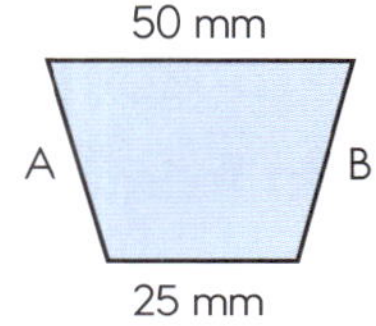

perímetro = 235 mm

Lado A = ______ mm   Lado B = ______ mm

6.

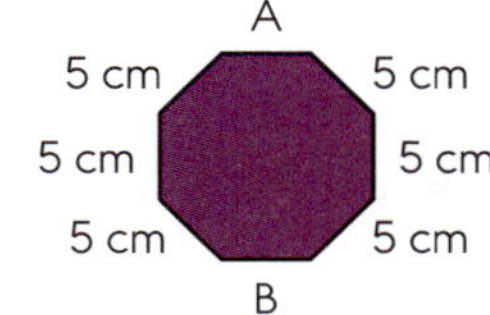

perímetro = 40 cm

Lado A = ______ cm   Lado B = ______ cm

Resuelve los problemas.

7. Los padres de Mia le dijeron que puede utilizar un espacio del patio para su jardín de flores silvestres; el espacio mide 13 pies de largo por 9 pies de ancho. ¿Cuál es el área del jardín?

8. El señor Wen necesita reemplazar una sección de la valla que mide 3 pies por 17 pies. ¿Cuál es la superficie de la valla que hay que sustituir?

9. Alysha quiere enmarcar un dibujo que hizo. Mide 8 pulgadas por 12 pulgadas. ¿Cuál es el área del marco que necesita?

10. La abuela Hattie hizo una colcha de bebé para Connor. Mide 4 pies por 3 pies. ¿Cuál es el área de la colcha?

DÍA 9

Lee el pasaje. A continuación, responde las preguntas.

Harriet Tubman

Harriet Tubman was a brave woman. She grew up as a slave in Maryland. As an adult, she escaped north to Pennsylvania. Tubman returned to Maryland to help rescue her family. She returned many times to help other slaves. She guided slaves to safety along a network known as the Underground Railroad. People who helped slaves move to freedom were called "conductors." They were named after the people who controlled trains on railroads. In 1861, the United States began fighting the Civil War. This war was a struggle between northern and southern states, mainly over whether people should be allowed to own slaves. President Abraham Lincoln signed a law in 1863. The law stated that slavery was no longer allowed in the United States. With the law on her side, Tubman continued for many years to help people who were treated unfairly.

11. What is the main idea of this passage?
    A. "Conductors" were people who helped slaves move to freedom.
    B. Harriet Tubman lived in Maryland.
    C. Harriet Tubman helped people on the Underground Railroad.

12. Why did Tubman return to Maryland? _______________________________

    ____

13. What was the Underground Railroad? _______________________________

    ____

14. What did conductors on the Underground Railroad do? _______________

    ____

15. What was the Civil War? _______________________________________

    ____

ACONDICIONAMIENTO FÍSICO:
Haz círculos con los brazos durante 30 segundos.

* Ve la página ii.

Traza una línea entre las fracciones que sean equivalentes o iguales.

$\frac{3}{6}$

$\frac{2}{3}$

$\frac{3}{3}$

$\frac{1}{4}$

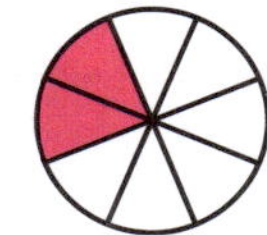

$\frac{2}{8}$

$\frac{1}{2}$

$\frac{4}{6}$

1

Combina cada par de *oraciones simples* (simple sentences) para escribir *oraciones compuestas* (compound sentences). Utiliza la *conjunción* (conjunction) que aparece entre paréntesis ( ). No olvides escribir una coma antes de la conjunción en cada oración.

EJEMPLO:

We might go to the park. We might go to the store. (or)

We might go to the park, or we might go to the store.

1. My dog is ready to play. My cat wants to nap. (but)

2. It may rain tonight. The party will be indoors. (so)

DÍA 10

Marca cada figura con las letras del recuadro que la describan.

A = cuadrilátero (quadrilateral)	B = paralelogramo (parallelogram)	C = rombo (rhombus)	D = polígono (polygon)

3. 

____

4. 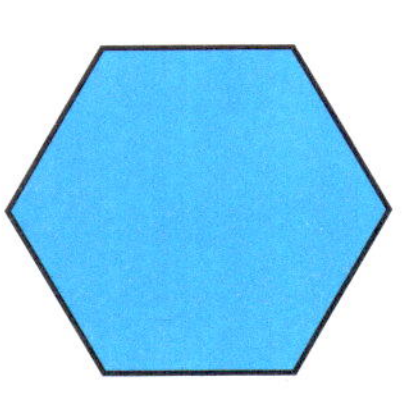

____

5. 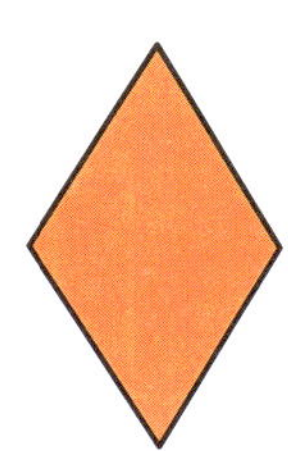

____

6. 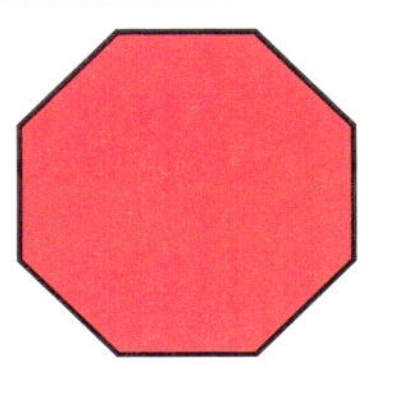

____

7. 

____

8. 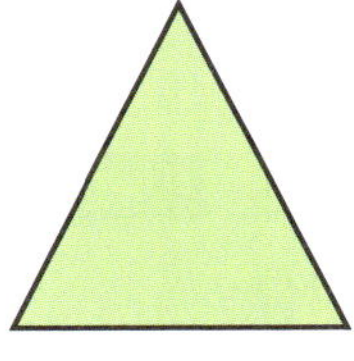

____

Un *pronombre posesivo* (possessive pronoun) es un pronombre que muestra propiedad. Algunos pronombres posesivos son:

mine	ours	your	his	hers	their	its	my	our

Escribe cinco oraciones en inglés. Utiliza un pronombre posesivo en cada oración.

9. ____

10. ____

11. ____

12. ____

13. ____

Elige del banco de palabras la palabra que corresponda a cada descripción.

knead	sense	praise	certain
wheat	purchase	numb	guide

1. unable to feel _______________________

2. we do this to dough _______________________

3. sure of something _______________________

4. to buy something _______________________

5. to see, hear, feel, taste, or smell _______________________

6. flour is made from this _______________________

7. a leader of a group _______________________

8. to express approval _______________________

El collage de la compasión

La *compasión* (compassion) es la capacidad de ver que alguien necesita ayuda o comprensión y ofrecerle apoyo. Crea un collage de la compasión. Piensa en las formas en que las personas muestran compasión. Recorta imágenes y palabras de compasión de revistas y periódicos. Utiliza marcadores, cartulina y pegamento para crear tu collage. Haz pequeños dibujos, escribe palabras y añade calcomanías al collage. Ponle un título a tu collage, como *Las claves de la compasión: cuidado, consideración y atención.* Exhibe el collage para que los demás puedan ver cómo plasmaste la compasión.

23

DÍA 11

Divide para hallar cada cociente.

9. $3\overline{)18}$ 10. $4\overline{)24}$ 11. $3\overline{)21}$ 12. $4\overline{)36}$ 13. $8\overline{)32}$

14. $5\overline{)40}$ 15. $6\overline{)36}$ 16. $9\overline{)36}$ 17. $8\overline{)40}$ 18. $9\overline{)27}$

Escribe un *adjetivo* (adjective) en cada espacio en blanco para completar cada oración.

19. A _________________________ family moved in next door yesterday.

20. The bear has _________________________ , _________________________ fur.

21. The _________________________ birds woke me up this morning.

22. Her _________________________ , _________________________ balloon floated away.

Los *adjetivos demostrativos* (demonstrative adjectives) identifican a personas, lugares o cosas específicas. Escribe el adjetivo demostrativo correcto (*this, that, these* o *those*) para completar cada oración. Utiliza *this* y *that* con sustantivos singulares. Utiliza *these* y *those* con sustantivos plurales.

23. _________________________ book is one of my favorites.

24. Is _________________________ hat the one Mom wanted?

25. _________________________ planet is very far away.

26. _________________________ ducks didn't come back to the pond this year.

DATO: Nunca se han registrado lluvias en el centro del desierto de Atacama en Chile.

DÍA 12

Divide cada conjunto de objetos en el número correcto de grupos.

EJEMPLO:

Haz 3 grupos iguales.

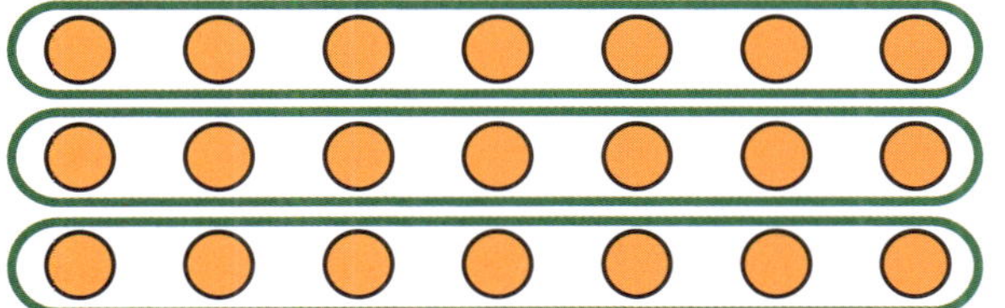

¿Cuántos hay en cada grupo? __7__

1. Haz 5 grupos iguales.

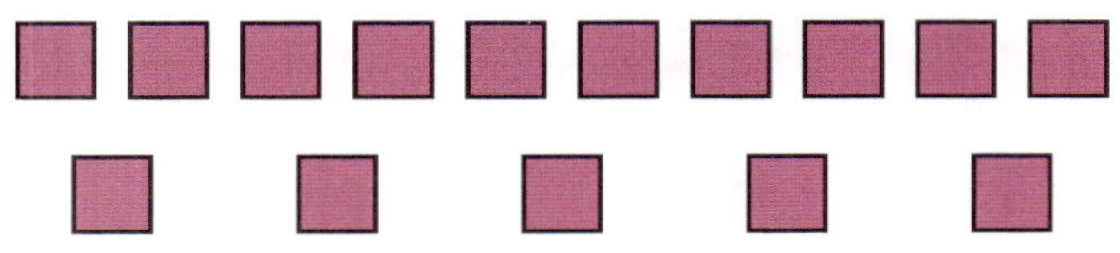

¿Cuántos hay en cada grupo? _____

2. Haz 2 grupos iguales.

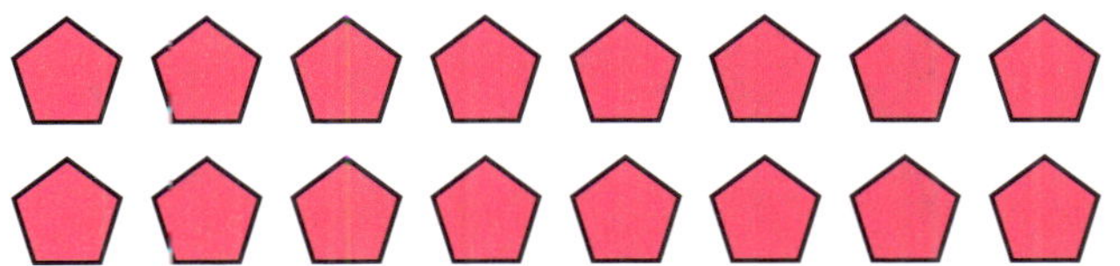

¿Cuántos hay en cada grupo? _____

3. Haz 4 grupos iguales.

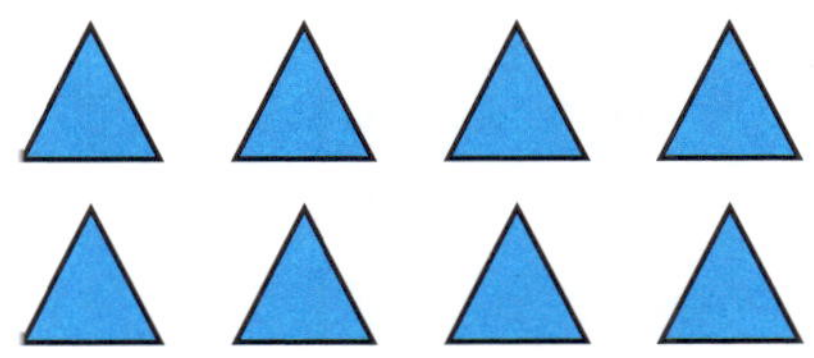

¿Cuántos hay en cada grupo? _____

En cada oración, añade las comas correspondientes.

EJEMPLO:

August 10, 1970, and May 10, 1973, are birth dates in our family.

4. My mom and stepdad were married in Portland Oregon on May 1 1999.

5. We had chicken potatoes corn gravy and ice cream for dinner.

6. George Washington became the first U.S. president on April 30 1789.

7. Sam was born on June 16 1947 in Rome Italy.

8. We saw deer bears elk and goats on our trip.

9. On July 24 1962 in Boise Idaho I won the big race.

DÍA 12

Completa cada familia de operaciones.

10. 5 × 3 = _______

______ × ______ = ______

______ ÷ ______ = ______

______ ÷ ______ = ______

11. 21 ÷ 3 = _______

______ ÷ ______ = ______

______ × ______ = ______

______ × ______ = ______

12. 30 ÷ 6 = _______

______ ÷ ______ = ______

______ × ______ = ______

______ × ______ = ______

Añade las comas que falten en cada dirección de abajo. Utiliza este símbolo para añadirlas: ⌄ .

13. 

19052 Tanglewood Dr.
Rocky River OH 44116

14. 

958 East Oak Lane #17
Baltimore MD 21218

15. 

35 Frog Creek Woods
Harrisburg PA 17111

16. 

133 Greenvale Rd.
Lincoln NE 68516

17. 

21896 Sardis Court
Portland OR 97215

18. 

568 Elm Street
Colton CA 92324

ACONDICIONAMIENTO FÍSICO:
Practica una sentada en V. Estira cinco veces

* Ve la página ii.

COLOCA UNA ESTRELLA AQUÍ.

Utiliza la propiedad distributiva para que los problemas sean más fáciles de resolver.

EJEMPLO: $8 \times 16 =$

$(8 \times \mathbf{10}) + (8 \times \mathbf{6}) = \mathbf{128}$

1. $9 \times 15 =$

$(9 \times \underline{\hspace{1cm}}) + (9 \times \underline{\hspace{1cm}}) = \underline{\hspace{1cm}}$

2. $18 \times 6 =$

$(18 \times \underline{\hspace{1cm}}) + (18 \times \underline{\hspace{1cm}}) = \underline{\hspace{1cm}}$

3. $20 \times 12 =$

$(20 \times \underline{\hspace{1cm}}) + (20 \times \underline{\hspace{1cm}}) = \underline{\hspace{1cm}}$

4. $14 \times 8 =$

$(14 \times \underline{\hspace{1cm}}) + (14 \times \underline{\hspace{1cm}}) = \underline{\hspace{1cm}}$

5. $8 \times 22 =$

$(8 \times \underline{\hspace{1cm}}) + (8 \times \underline{\hspace{1cm}}) = \underline{\hspace{1cm}}$

Elige del banco de palabras la palabra que responda correctamente a cada pregunta.

| night | different | hopped | baby | knock |

6. Which word begins with a silent letter? _______________________________

7. Which word has the *t* sound at the end, but the letter *t* is not making the sound?

____

8. Which word has a silent *gh*? _______________________________

9. Which word has the long *e* sound but does not include the letter *e*?

____

10. Which word has three syllables? _______________________________

DÍA 13

Lee el pasaje. A continuación, responde las preguntas.

Roberto Clemente

Roberto Clemente was born in Puerto Rico in 1934. He played baseball in his neighborhood as a child. Then, he played for his high school team. He joined a junior national league when he was 16. He played baseball briefly in Canada before signing to play for the Pittsburgh Pirates in 1954. Clemente served in the U.S. Marine Reserves for several years. That helped him grow stronger physically. He helped the Pirates win two World Series. During the off-season, Clemente often went back to Puerto Rico to help people. He liked visiting children in hospitals to give them hope that they could get well. An earthquake hit the country of Nicaragua in 1972. At age 38, Clemente died in an airplane crash on his way to deliver supplies to Nicaragua. He was elected to the Baseball Hall of Fame in 1973. He was the first Latino player to receive that honor.

11. What is the main idea of this passage?
    A. Roberto Clemente was a great baseball player who also helped people.
    B. Roberto Clemente died in an airplane crash.
    C. Roberto Clemente was elected to the Baseball Hall of Fame.

12. Where was Clemente born? _______________________________________

13. Where in the United States did Clemente play baseball? _______________

14. What did Clemente do during the off-season? _______________________

15. What happened in Nicaragua in 1972? _____________________________

____

16. Why was Clemente flying to Nicaragua? ___________________________

____

> **DATO:** Las reglas del béisbol moderno se llamaban originalmente *Reglas Knickerbocker.*

Compara las fracciones. Utiliza los símbolos mayor que (>), menor que (<) o igual a (=).

1. $\frac{1}{6}$ ◯ $\frac{1}{10}$

2. $\frac{3}{5}$ ◯ $\frac{4}{5}$

3. $\frac{3}{10}$ ◯ $\frac{3}{4}$

4. $\frac{5}{9}$ ◯ $\frac{2}{9}$

5. $\frac{2}{4}$ ◯ $\frac{2}{8}$

6. $\frac{2}{6}$ ◯ $\frac{4}{6}$

7. $\frac{4}{5}$ ◯ $\frac{4}{10}$

8. $\frac{6}{12}$ ◯ $\frac{1}{12}$

Un *modismo o frase idiomática* (idiom) es una palabra u oración que no puede interpretarse literalmente. Lee cada una de las siguientes oraciones. A continuación, escribe el significado de la expresión idiomática subrayada.

9. Before Kayla went onstage last night, her parents gave her a kiss and told her to <u>break a leg</u>.

____

10. Jorge is feeling <u>under the weather</u>, so he's going to stay home from school.

____

11. Will and Myles are both going to a new camp this summer, so they are planning to <u>stick together</u>.

____

12. Grandpa has a wonderful vegetable garden — he has quite a <u>green thumb</u>!

____

13. Mom said that a new transmission for the car will <u>cost an arm and a leg</u>.

____

DÍA 14

Dibuja líneas para dividir cada figura según la fracción dada.

14. tercios 

15. cuartos 

16. quintos 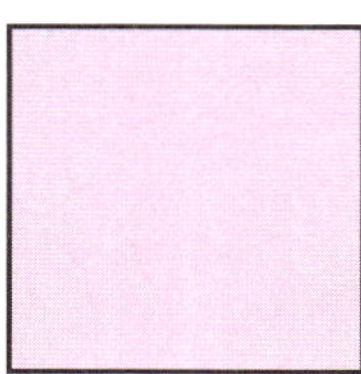

17. octavos 

18. mitades 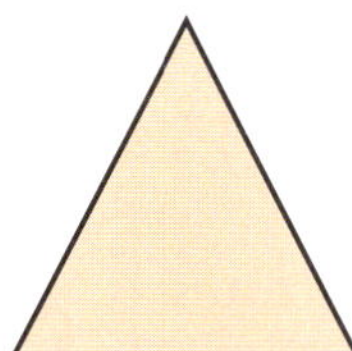

19. décimos 

Escribe la hora que aparece en cada reloj.

20. 

_____:_____

21. 

_____:_____

22. 

_____:_____

23. 

_____:_____

24. 

_____:_____

25. 

_____:_____

ACONDICIONAMIENTO FÍSICO:
Toca 10 veces los dedos de tus pies.

* Ve la página ii.

Resuelve cada problema de palabras. Anota los resultados.

1. La temperatura máxima de hoy fue de 86°. Ayer hizo 9° más de frío. Hace dos días, hizo 6° más frío que ayer. ¿Cuál fue la temperatura máxima de hace dos días?

2. Annabel mide 53 pulgadas. Nicolás mide 4 pies con 4 pulgadas. ¿Cuántas pulgadas más mide Annabel?

3. Terrell llevó 42 magdalenas a la escuela por su cumpleaños. Les dio una a cada uno de los 17 alumnos de su clase y a los 19 alumnos de la otra clase de tercer grado. ¿Cuántas magdalenas le sobraron?

4. Natasha puede andar en bicicleta a una velocidad de 10 millas por hora. ¿Cuántas millas puede recorrer si anda en bicicleta desde las 10 de la mañana hasta las 3 de la tarde?

Encierra en un círculo la palabra que no pertenezca a cada grupo de palabras. Luego, describe por qué las otras palabras pertenecen al grupo.

5. tuba, clarinet, jazz, flute, harp ____

6. tire, hammer, screwdriver, wrench ____

7. robin, hawk, sparrow, dog, crow ____

8. Moon, Mars, Earth, Jupiter, Venus ____

9. lettuce, peach, carrot, peas, beets ____

10. rose, daisy, lazy, tulip, lily ____

DÍA 15

Marca cada fracción en la línea numérica.

11. $\frac{7}{8}$

$\frac{1}{8}$ $\qquad$ $\frac{5}{8}$ $\qquad$ $\frac{8}{8} = 1$

12. $\frac{3}{4}$

$\frac{1}{4}$ $\qquad$ $\frac{2}{4}$ $\qquad$ $\frac{4}{4} = 1$

13. $\frac{12}{12}$

$\frac{1}{12}$ $\qquad$ $\frac{6}{12}$

14. $\frac{1}{6}$

$\frac{3}{6}$ $\qquad$ $\frac{6}{6} = 1$

Completa cada oración con la _forma de tiempo futuro_ (future-tense form) del verbo entre paréntesis.

15. Maria ___________________ dinner tonight.
(cook)

16. Angelo ___________________ his stepmother this weekend.
(visit)

17. Carrie ___________________ to the movies tomorrow.
(go)

18. Scott ___________________ his new book this evening.
(read)

19. Wendy ___________________ me her new bracelet when she returns.
(show)

PRUEBA DE CARÁCTER: Piensa en una ocasión en la que hayas hecho algo agradable por un amigo o miembro de tu familia. ¿Cómo te hizo sentir?

COLOCA UNA ESTRELLA AQUÍ.

Añade un *sufijo* (suffix) a cada palabra. Utiliza *-est*, *-tion* o *-ty*. Duplica, elimina o cambia letras si es necesario. Luego, escribe el significado de la nueva palabra.

EJEMPLO:

tasty _______**tastiest, most tasty**_______

1. sad ____________________________

2. act ____________________________

3. direct __________________________

4. safe ___________________________

5. dirt ____________________________

6. hungry _________________________

7. invent _________________________

8. prepare ________________________

9. happy _________________________

10. heavy _________________________

11. honest ________________________

Encierra en un círculo los *pronombres* (pronouns) de cada oración.

12. I told her about Janelle's horse.

13. This piece of cake is for him.

14. Liz invited Garrett and me to the party.

15. The table is set for us.

16. We are too late to see the first show.

17. They will be happy to come along.

18. Clams and turtles have shells. They are protected by them.

DÍA 16

Completa cada oración con la palabra correcta del paréntesis.

19. The baseball game went _________________________ for the Spartans right from the first inning. (well, better, best)

20. The first batter, Monroe, always hits _________________________ . (well, better, best)

21. Monroe runs the bases _________________________ than most players on his team. (well, better, best)

22. Stanley, the second batter, usually hits even _________________________ than Monroe. (well, better, best)

23. The pitcher threw his _________________________ pitches to Stanley. (well, better, best)

24. Stanley hit the ball _________________________ , and it flew over the fence for a two-run home run. (well, better, best)

25. Things went _________________________ for the Tigers in the second half of the game than in the first. (badly, worse, worst)

Atrapa y estírate

¿Sabías que un juego de pelota en el jardín puede mejorar tu flexibilidad? Busca a un amigo o familiar y consigue pelotas de varios tipos: de tenis, de béisbol, de softball o de espuma. Lanza cada pelota de un lado a otro. Cuando lo hagas, concéntrate en estirar el pie delantero y el brazo con el que lanzas. A medida que te resulte más fácil, aumenta la distancia entre tu compañero y tú. Si quieres un reto mayor, intenta lanzar con la otra mano. Esto será más difícil, pero dará el mismo tiempo de estiramiento a ambos lados de tu cuerpo. Cuando lances, recuerda «estirar» tus límites.

DATO: Nepal es el único país en tener una bandera nacional que no es un rectángulo

* Ve la página ii.

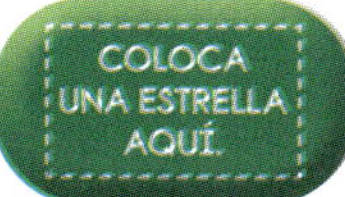

Lee la historia. A continuación, escribe cuatro detalles de la historia en el orden en que se produjeron.

Quinn and Phillip washed their dad's car. First, they filled a bucket with soapy water. Quinn got some old rags from the house while Phillip got the hose. They put soapy water all over the car and wiped off the dirt. Next, they rinsed the car with water. To finish the job, Quinn and Phillip dried the car with some clean towels. They were both surprised when their dad gave them $5 each.

1. ____

2. ____

3. ____

4. ____

Cada una de las palabras siguientes contiene el *sufijo* (suffix) *-est*, *-tion* o *-ty*. Encierra en un círculo cada sufijo. A continuación, escribe la *palabra base* (base word).

EJEMPLO:

safe(ty) _____ **safe** _____

5. saddest _________________________

6. hungriest _________________________

7. preparation _________________________

8. invention _________________________

9. tasty _________________________

10. certainty _________________________

11. loyalty _________________________

12. direction _________________________

13. suggestion _________________________

14. loveliest _________________________

15. surest _________________________

Lee el pasaje. A continuación, responde las preguntas.

Lucy Maud Montgomery

Lucy Maud Montgomery is famous for creating the character of Anne Shirley in the Anne of Green Gables series. Montgomery was born in 1874 on Prince Edward Island in Canada. She lived with her grandparents and went to class in a one-room schoolhouse. Her first poem was published when she was 17 years old. She wrote *Anne of Green Gables* in 1905, but it was not published until 1908. The book became a best-seller, and Montgomery wrote several other books based on the main character. Two films and at least seven TV shows have been made from the Anne of Green Gables series. Although Montgomery moved away from Prince Edward Island in 1911, all but one of her books are set there. Many people still visit the island today to see where Anne Shirley grew up.

16. What is the main idea of this passage?
    A. Lucy Maud Montgomery grew up on Prince Edward Island.
    B. Lucy Maud Montgomery is famous for writing *Anne of Green Gables*.
    C. Lucy Maud Montgomery was a schoolteacher.

17. Who is Anne Shirley? ____

18. What was Montgomery's early life like? _________________________________

____

19. When was Montgomery's first poem published? _________________________

20. How can you tell that *Anne of Green Gables* was a popular book?

____

21. Why do many people visit Prince Edward Island today?

____

* Ve la página ii.

© Carson Dellosa Education

Multiplica para encontrar cada producto.

1. 16
    × 5

2. 15
    × 6

3. 28
    × 3

4. 24
    × 4

5. 26
    × 3

6. 47
    × 2

7. 19
    × 4

8. 19
    × 5

9. 38
    × 2

10. 21
    × 4

Escribe la *forma* en *pasado* (past-tense form) de cada verbo subrayado.

11. A tadpole <u>hatches</u> from an egg in a pond. _______________________

12. He <u>looks</u> like a small fish at first. _______________________

13. The tadpole <u>uses</u> his tail to swim. _______________________

14. He <u>breathes</u> with gills. _______________________

15. His appearance <u>changes</u> after a few weeks. _______________________

16. He <u>starts</u> to grow hind legs. _______________________

17. His head <u>flattens</u>. _______________________

18. His gills <u>vanish</u>. _______________________

19. His tail <u>disappears</u>. _______________________

20. He <u>hops</u> onto dry land. _______________________

DÍA 18

Sigue las instrucciones utilizando un diccionario. Puede ser un diccionario físico o un diccionario online.

21. Write the guide words for that page. _______________________________________

22. Write the meaning of the guide word that is on the right. ____________________

____

23. How many syllables does your guide word have? _____________________________

24. What mark is used to show how words are divided into syllables? ______________

Completa cada oración con la forma correcta de *good* o *bad* del paréntesis.

25. The weatherperson said that we will have ________________ weather on Thursday. (good, better, best)

26. She said that the weather this weekend will be _____________________________ than today. (good, better, best)

27. Sunday will have the __________________ weather this week. (good, better, best)

28. Parts of the country are having __________________ storms. (bad, worse, worst)

29. The weatherperson is predicting that the__________________ of the snow is coming soon. (bad, worse, worst)

30. Florida usually has __________________ weather in the winter. (good, better, best)

> **DATO:** Si el Sol fuera hueco, podría contener más de un millón de Tierras en su interior.

Lee el pasaje. A continuación, responde las preguntas.

Elisha Otis

Have you ever ridden in an elevator? Elevators make it much easier for people to get from one floor to another in a tall building. At one time, elevators were not as safe as they are today. Elisha Otis helped change that. Early elevators used ropes that sometimes broke, sending the people riding the elevator to the ground. To make elevators safer, Otis made wooden guide rails to go on each side of an elevator. Cables ran through the rails and were connected to a spring that would pull the elevator up if the cables broke. Otis displayed his invention for the first time at the New York Crystal Palace Exhibition in 1853. His safety elevators were used in buildings as tall as the Eiffel Tower in Paris, France, and the Empire State Building in New York City, New York. Otis died in 1861. His sons, Charles and Norton, continued to sell his design, and many elevators today still have the Otis name on them.

1. What is the main idea of this passage?
   A. The Otis family still sells elevators today.
   B. At one time, elevators were unsafe to use.
   C. Elisha Otis found a way to make elevators safe.

2. Why were early elevators dangerous? _______________________________________

   ____

3. What did the spring in Otis's elevators do? _________________________________

   ____

4. When and where was Otis's elevator displayed for the first time? ______________

5. What are two buildings that used Otis's elevator design? ____________________

   ____

6. What did Otis's sons do after his death? ____________________________________

   ____

DÍA 19

Cuenta el tiempo que te lleva resolver los problemas. ¿Puedes responderlos correctamente en un minuto?

7. 9 × 7 = _______

8. 4 × 6 = _______

9. 8 × 5 = _______

10. 2 × 9 = _______

11. 5 × 3 = _______

12. 8 × 8 = _______

13. 6 × 9 = _______

14. 3 × 7 = _______

15. 5 × 4 = _______

16. 7 × 7 = _______

17. 6 × 8 = _______

18. 4 × 4 = _______

Rellena los espacios en blanco para completar esta carta a un amigo. Utiliza correctamente las mayúsculas.

_______________________ (date)

_______________________ , (greeting)

I'm having a _______________ summer. So far, the best part of the summer has been

____

____

____

_______________________ , (closing)

_______________________ (your name)

ACONDICIONAMIENTO FÍSICO:
Haz 10 encogimientos de hombros.

* Ve la página ii.

Suma para encontrar cada adición.

1. 78 81 +65	2. 51 21 +83	3. 81 57 +52	4. 76 59 +53	5. 34 67 +24
6. 76 53 +19	7. 49 74 +84	8. 76 34 +51	9. 28 54 +84	10. 48 78 +28

Lee cada verbo. Escribe *A* si es un verbo de *acción en presente* (present-tense action verb). Escribe *L* si es un *verbo copulativo o de enlace* (linking verb).

EJEMPLO:

___A___ bloom   ___L___ is

11. _______ has   12. _______ hatch

13. _______ have   14. _______ seem

15. _______ pretend   16. _______ stir

17. _______ becomes   18. _______ study

19. _______ walk   20. _______ hold

21. _______ were   22. _______ am

23. _______ skip   24. _______ was

DÍA 20

Divide para encontrar cada cociente.

25. $2\overline{)84}$ 26. $2\overline{)62}$ 27. $2\overline{)68}$ 28. $3\overline{)93}$

29. $7\overline{)70}$ 30. $5\overline{)55}$ 31. $3\overline{)69}$ 32. $9\overline{)99}$

33. $3\overline{)36}$ 34. $9\overline{)90}$ 35. $3\overline{)42}$ 36. $4\overline{)80}$

Lee cada conjunto de oraciones. Escribe _P_ junto a las oraciones en _tiempo pasado_ (past tense), _PR_ junto a las oraciones en _tiempo presente_ (present tense) y _F_ junto a las oraciones en _tiempo futuro_ (future tense).

37. A. Mischa ran to the market. __________

B. Mischa will run around the block. __________

C. Mischa runs to the park with Lea. __________

38. A. I am having green beans with dinner. __________

B. I will have corn tomorrow. __________

C. I had broccoli yesterday. __________

39. A. Troy will catch the ball. __________

B. Troy catches the ball. __________

C. Troy caught the ball. __________

40. A. He will go to the new school. __________

B. He went to the new school. __________

C. He goes to the new school. __________

COLOCA UNA ESTRELLA AQUÍ.

Cromatografía con filtro de café

¿Cómo se pueden separar los colores?

La *cromatografía* (chromatography) es un proceso utilizado para separar los colores. Esta actividad muestra cómo una parte de la tinta de los marcadores **solubles en agua** puede disolverse. Otros colores más solubles suben por un filtro de café con agua.

Materiales:

- 3 marcadores solubles en agua (no permanentes)
- 3 vasos
- regla
- filtro de café
- cinta adhesiva
- agua
- tijeras

Procedimiento:

Vierte agua en cada vaso de modo que tenga una profundidad de casi media pulgada (1.3 cm.) Rotula cada vaso y marcador con un 1, 2 o 3 con cinta adhesiva y los marcadores. Corta el filtro de café en tres tiras, una para cada marcador. Utiliza los marcadores solubles en agua para hacer un punto grande a un tercio de la altura de cada tira de filtro de café. Hazlo con los tres marcadores. Coloca cada tira de filtro de café en el vaso con el mismo número que el marcador. Los puntos de tinta deben estar cerca, pero no debajo del agua. Deja que las tiras absorban el agua.

1. ¿Qué efecto tiene el agua sobre los puntos de tinta? _______________________

   ____

2. ¿Qué ocurrió de forma diferente en cada uno de los tres puntos de tinta? _____

   ____

   ____

3. ¿Qué tinta del marcador viajó más alto en una tira de filtro de café? Enumera los otros marcadores en orden de mayor a menor. ___________________________

   ____

4. ¿Qué significa «soluble en agua»? ____

5. ¿Qué sección utilizarías para encontrar los pasos del experimento? ___________

EXTRA

Carrera de velocidad

¿Cómo se relaciona la altura de una rampa con la velocidad de un juguete?

La *energía cinética* (kinetic energy) es la energía del movimiento. La *energía potencial* (potential energy) es la energía almacenada, o la energía de la posición.

Materiales:

- regla
- auto de juguete
- cronómetro
- rampa de madera de cualquier tamaño

Procedimiento:

Eleva un extremo de la rampa hasta la altura más baja (cerca de 1.5 pulgadas [4 cm]) necesaria para que el auto de juguete ruede de un extremo al otro. Coloca el auto en la parte superior de la rampa y utiliza el cronómetro para medir el tiempo que tarda en rodar hasta la parte inferior de la rampa. Registra la velocidad del auto y la altura de la rampa en la siguiente tabla. Repite la actividad dos veces más, aumentando la altura de la rampa cada vez.

Prueba	Altura	Tiempo
1		
2		
3		

1. ¿Cuál es la relación entre la altura de la rampa y la velocidad del objeto?

   ____

2. ¿Qué superficies pueden hacer que el auto de juguete ruede más rápido o más lento? ____

3. Prueba con otro objeto, como una pelota de golf o de tenis. ¿Qué ocurre con la velocidad del objeto si tiene más masa? _______________________________

4. ¿Cuál es el objetivo de la pregunta en negrita debajo del título del experimento?

   ____

5. ¿Cómo ayuda el gráfico a organizar los datos? _______________________________

   ____

Líneas de longitud

Las *líneas de longitud* (lines of longitude) son líneas imaginarias que van de norte a sur en un mapa. Están marcadas en grados (°) y nos ayudan a encontrar lugares en todo el mundo. El *primer meridiano* (prime meridian) es la línea de 0° de longitud. Las líneas de longitud en un mapa se miden en segmentos de 15° desde el primer meridiano. Los lugares situados al este del primer meridiano llevan la letra *E* después de sus grados. Los lugares situados al oeste del primer meridiano tienen la letra *W* después de sus grados.

Estudia el mapa. A continuación, responde las preguntas.

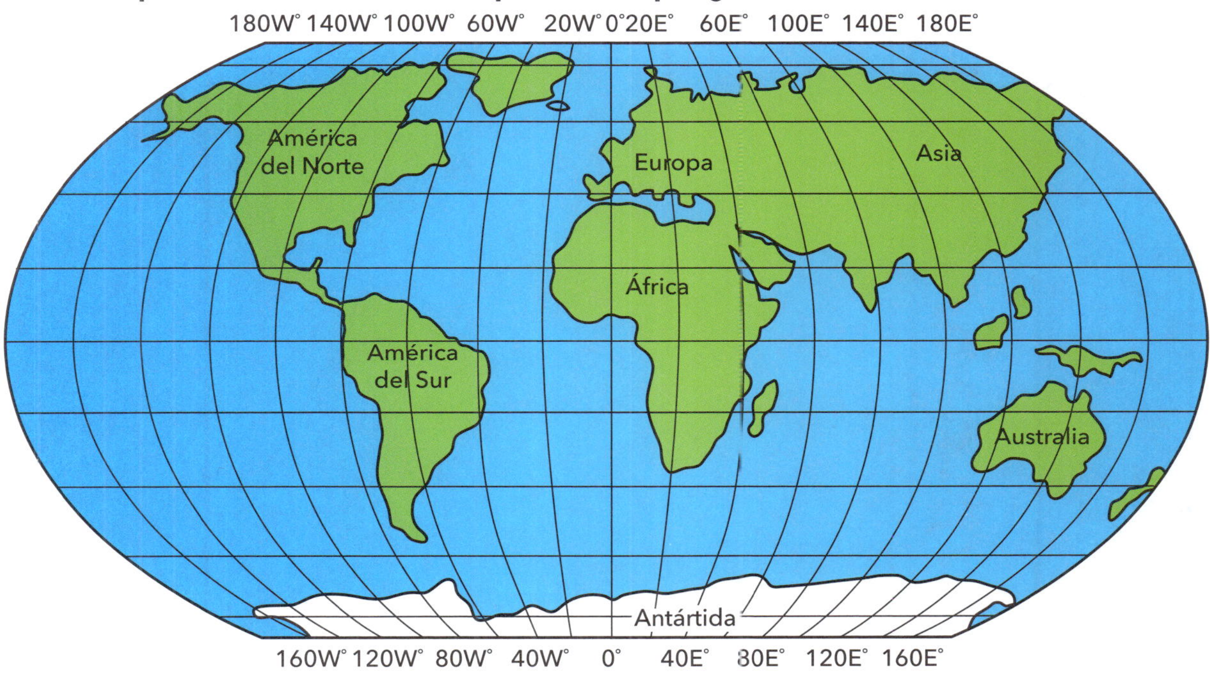

1. El primer meridiano está a _______________________________ ° de longitud.

2. Para los lugares de América del Sur, la longitud debe ir seguida de la letra ______ .

3. Para los lugares de la mayor parte de África, la longitud debe ir seguida de la letra __________ .

4. Utiliza un lápiz de color anaranjado o un marcador para trazar el primer meridiano.

EXTRA

La escala de los mapas

La *escala de un mapa* (map scale) representa la distancia en un mapa. Un mapa no puede mostrarse a tamaño real, por lo que debe hacerse más pequeño para que quepa en el papel. En el mapa de abajo, 1 cm = 100 kilómetros.

Estudia el mapa de Egipto. Mide la distancia entre los puntos con una regla. Luego, cambia los centímetros a kilómetros para encontrar la distancia real entre cada par de ciudades.

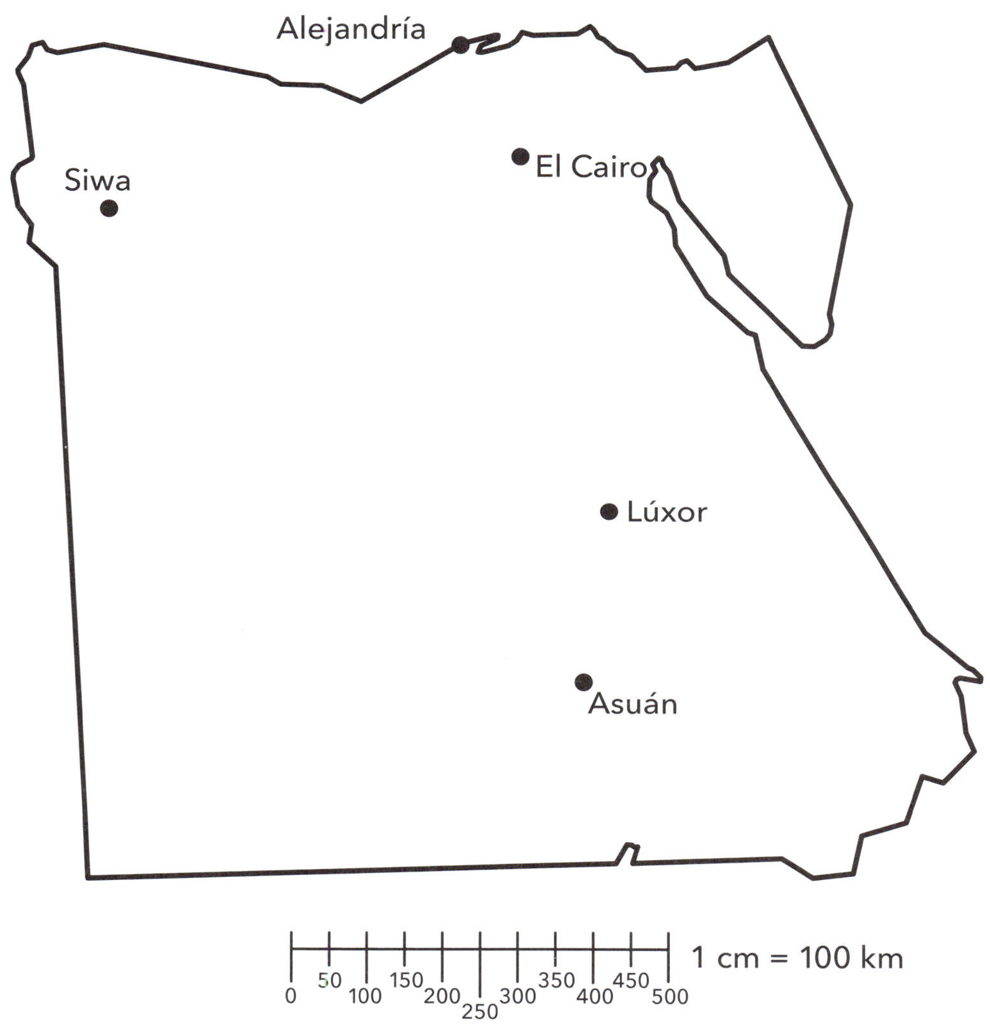

1. De El Cairo a Lúxor _______________

2. De El Cairo a Alejandría __________

3. De El Cairo a Siwa _______________

4. De Siwa a Asuán _______________

EXTRA

Utilizando un mapa

Escribe la letra de la característica física junto a su nombre. Utiliza un atlas si necesitas ayuda.

1. _______ Montañas Rocosas

2. _______ Grandes Lagos

3. _______ Río Grande

4. _______ Océano Atlántico

5. _______ Gran Lago Salado

6. _______ Gran Cuenca

7. _______ Río Misisipi

8. _______ Montes Apalaches

9. _______ Sierra Nevada

10. _______ Océano Pacífico

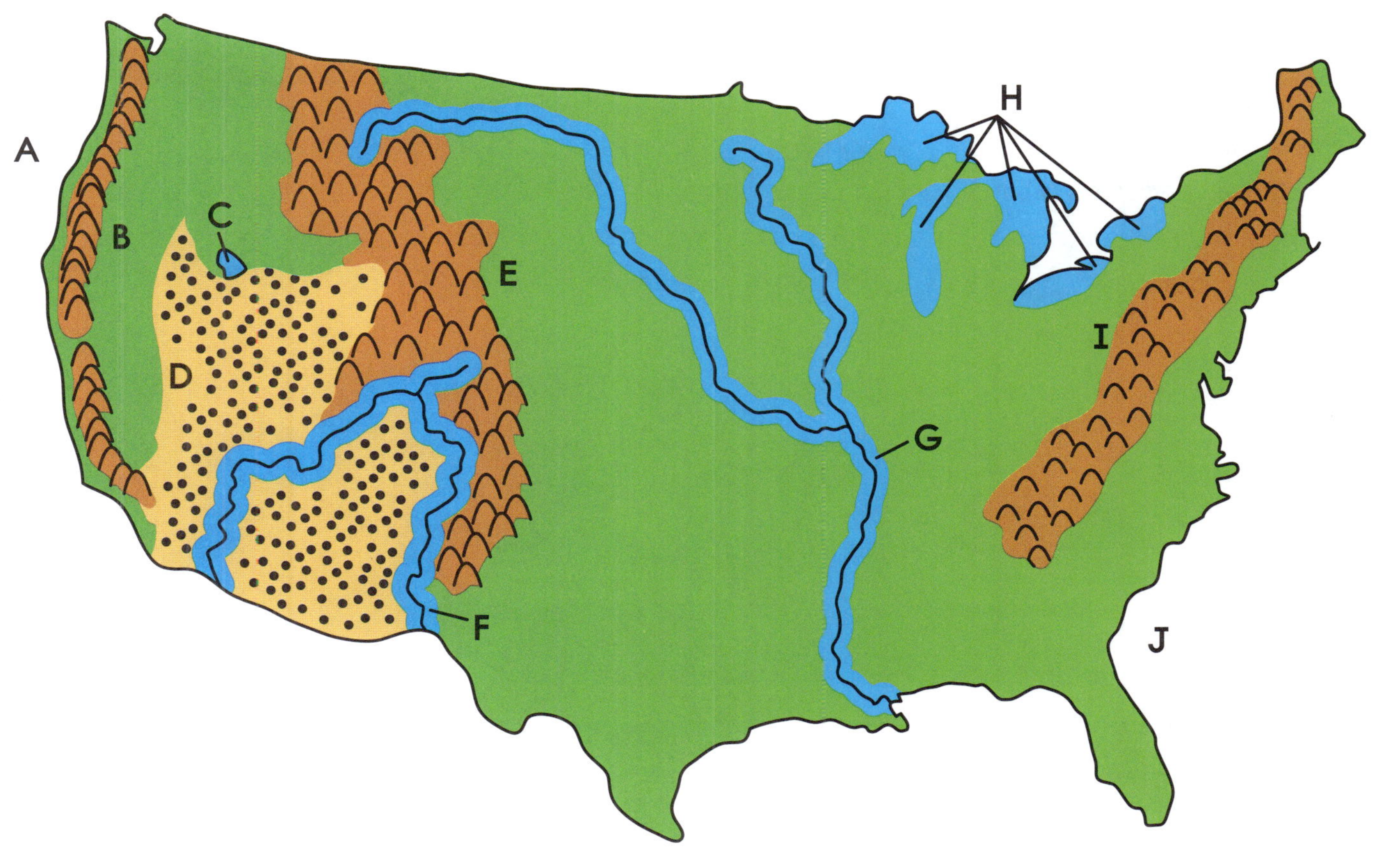

EXTRA

¡Vamos afuera!

Convierte tu patio o tu barrio en un aula de matemáticas para practicar el cálculo. Ponte guantes de jardinería y recoge un poco de hierba, virutas de madera, paja de pino u otro material seguro y en pocas cantidades. Calcula cuántas piezas hay en el grupo. A continuación, coloca el material en el piso y cuenta el número de pedazos que hay en él para ver qué tan acertado fue tu cálculo.

Haz un mapa en relieve de un espacio exterior cercano a tu casa. Ponte guantes de jardinería y utiliza arena, barro, palos y otros materiales naturales para formar las características físicas de la zona. Dales forma a las características del terreno sobre una superficie dura y plana, como un pedazo de madera contrachapada o el suelo de un arenero. Algunas de las características físicas pueden no ser las habituales en tu clase de estudios sociales. Haz que todas las características se noten en la superficie del paisaje, como colinas, caminos de entrada, estanques y juegos infantiles.

Reúne varios objetos naturales, como conchas, piedras, hojas, palos pequeños, paja de pino y corteza. Utiliza pegamento para pegar los objetos a una pieza plana y cuadrada de madera o cartón y así crear una obra maestra natural. Haz una forma, un diseño o incluso una escena para ilustrar la belleza del mundo natural.

* Ve la página ii.

Objetivos mensuales

Piensa en tres objetivos que quieras cumplir este mes. Por ejemplo, tal vez quieras aprender cinco hechos matemáticos cada semana. Escribe tus objetivos en las líneas y repásalos con un adulto.

Coloca una estrella junto a cada objetivo que cumplas. ¡Siéntete orgulloso de haber cumplido tus objetivos!

1. ____   COLOCA UNA ESTRELLA AQUÍ.

2. ____   COLOCA UNA ESTRELLA AQUÍ.

3. ____   COLOCA UNA ESTRELLA AQUÍ.

Lista de palabras

En esta sección se utilizan las siguientes palabras. Es bueno que las conozcas. Lee cada palabra. Utiliza un diccionario para buscar las palabras que no conozcas. A continuación, escribe dos oraciones en inglés. Utiliza una palabra de la lista en cada oración.

astronomy (astronomía)	improve (mejorar)
choosing (elegir)	instant (instantánea)
degrees (grados)	recreation (recreación)
demanding (exigentes)	scattered (dispersos)
descriptions (descripciones)	vertically (verticalmente)

1. ____

____

2. ____

____

Introducción a la fuerza

Esta sección incluye actividades de acondicionamiento físico y de desarrollo del carácter enfocadas en la fortaleza. Estas actividades están diseñadas para mantenerte en movimiento y para hacerte pensar en fortalecer tu cuerpo y tu carácter. Si tienes una movilidad limitada, no dudes en modificar los ejercicios sugeridos para adaptarlos a tus capacidades individuales.

Fuerza física

Al igual que la flexibilidad, la fuerza es necesaria para estar saludable. Puede que pienses que una persona fuerte es alguien que puede levantar mucho peso. Sin embargo, la fuerza es algo más que la capacidad de levantar objetos pesados. La fuerza se construye con el tiempo. Ahora eres más fuerte que en la guardería. ¿Qué actividades puedes hacer ahora que no podías hacer entonces?

Puedes ganar fuerza mediante actividades cotidianas y muchos ejercicios divertidos. Carga las bolsas de las compras para fortalecer los brazos. Anda en bicicleta para fortalecer las piernas. Nada para fortalecer todo el cuerpo. Ejercicios como las flexiones de brazos y las dominadas son también grandes potenciadores de la fuerza.

Fíjate objetivos este verano para mejorar tu fuerza. Basa tus objetivos en actividades que te gusten. Habla de tus objetivos con un adulto. A medida que vayas cumpliendo tus objetivos, establece otros nuevos. ¡Celebra tu cuerpo, ahora más fuerte y saludable!

Fortaleza de carácter

Al mismo tiempo que desarrollas tu fuerza física, trabaja también tu fortaleza interior. Tener un carácter fuerte significa defender tus creencias, incluso si los demás no están de acuerdo con tu punto de vista.

Puedes mostrar tu fuerza interior de muchas maneras. Por ejemplo, siendo honesto, defendiendo a alguien que necesita tu ayuda y haciendo tu mejor esfuerzo en cada tarea. La fortaleza interior no siempre es fácil de demostrar. Piensa en alguna ocasión en la que hayas usado tu fortaleza interior para manejar una situación, como por ejemplo, cuando otro niño se burló de ti en el parque.

Mejora tu fortaleza interior durante el verano. Piensa en formas de mostrar fortaleza de carácter, como por ejemplo, mostrando respeto por todos los que practican un deporte, así ganen o pierdan. Reflexiona sobre tu crecimiento positivo. ¡Enorgullécete de tu fortaleza de carácter!

Dibuja una línea que una cada problema de división y multiplicación relacionado.

1.	$65 \div 5$	A.	9×4	9.	$72 \div 9$	A.	18×4
2.	$24 \div 6$	B.	6×4	10.	$38 \div 2$	B.	8×9
3.	$36 \div 9$	C.	9×5	11.	$72 \div 4$	C.	22×4
4.	$45 \div 5$	D.	17×3	12.	$50 \div 2$	D.	19×2
5.	$28 \div 7$	E.	7×4	13.	$56 \div 4$	E.	43×2
6.	$64 \div 8$	F.	9×9	14.	$86 \div 2$	F.	25×2
7.	$51 \div 3$	G.	8×8	15.	$88 \div 4$	G.	14×4
8.	$81 \div 9$	H.	13×5	16.	$75 \div 3$	H.	25×3

Escribe un informe sobre tu libro favorito. Utiliza el siguiente esquema para ayudarte.

Title ____

Author ____

Main characters ____

Where and when does the story take place? __________________

What is the main theme of the book? ______________________

____

Why did you like the book? ______________________________

____

____

DÍA 1

Las *comillas* (quotation marks) delimitan lo que dice alguien. Escribe las comillas en cada oración alrededor de lo que diga cada persona.

EJEMPLO:

Uncle Neil said, "I will pack a picnic lunch."

17. Where is the big beach ball? asked Jeff.

18. Ilene exclaimed, That is a wonderful idea!

19. Come and do your work, Grandma said, or you can't go with us.

20. Yesterday, said Ella, I saw a pretty robin in the tree by my window.

21. I will always take care of my pets, promised Theodore.

22. Rachel said, Maybe we should have practiced more.

23. Dr. Jacobs asked, How are you, Pat?

En una hoja aparte, escribe una historia en inglés sobre algún lugar real o imaginario que te gustaría visitar este verano.

Consider the following questions before you begin to write.

- Who are the characters in the story?

- Where does the story take place?

- How does the story begin?

- What happens next?

- How does the story end?

DATO: Los humanos han tenido perros como mascotas desde hace unos 10 000 años.

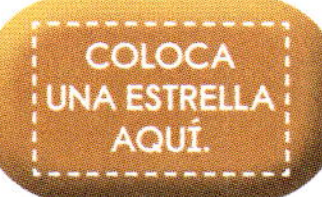

¿Crees que los alumnos deberían llevar uniforme escolar? ¿Por qué sí o por qué no? Expresa tu opinión y aporta razones que la respalden. Puedes escribir en inglés o en español.

____

____

____

____

____

____

____

____

Los *sustantivos comunes* (common nouns) son nombres generales de personas, lugares o cosas. Los *nombres* o *sustantivos propios* (proper nouns) nombran a personas, lugares o cosas específicas y comienzan con letras mayúsculas. Escribe cada sustantivo bajo el epígrafe correcto.

Monday ocean class November holiday July boat beans Rex North Carolina	Sustantivos comunes (Common Nouns)	Sustantivos propios (Proper Nouns)
	____________	____________
	____________	____________
	____________	____________
	____________	____________
	____________	____________

DÍA 2

Lee el pasaje. A continuación, responde las preguntas.

Choosing a Pet

Before you decide what kind of pet you would like to own, there are some things you should think about. First, find out how much care the pet will need. Dogs need to be walked; horses need to be exercised; cats need a place to scratch. All pets need to be kept clean and well fed. You should also think about where your pet would live. Big pets need a lot of room, while little pets do not need as much room.

1. What is the topic of the passage?
   A. caring for a dog
   C. feeding big pets
   B. choosing a pet
   D. where pets live

2. What is the main idea?
   A. finding good homes for pets
   C. things to think about before choosing a pet
   B. things to do when choosing a pet
   D. bring your pet home

Elige la palabra *homófona* (homophone) correcta del banco de palabras, para así completar cada oración.

too	two	to	cent	scent	sent

3. The _________________ kittens played with the ball.

4. A penny equals one _________________ .

5. My aunt asked me to go _________________ the store.

6. Malcolm _________________ a letter to his friend.

7. I will clean my desk and the table _________________.

8. The flower has a sweet _________________ .

ACONDICIONAMIENTO FÍSICO: Haz 10 estocadas.

* Ve la página ii.

Escribe el prefijo *re-* o *un-* en cada espacio para completar las oraciones. Escribe el significado de la nueva palabra en la línea,

1. Please ________move your shoes before you come in. ________________________

2. That was an ________usual movie.________________________________

3. I would like to ________new the magazine subscription. ________________________

4. That was an ________common rainstorm. ________________________________

5. You will have to ________tell the story later. ________________________________

Un *pronombre* (pronoun) es una palabra que ocupa el lugar de un sustantivo. Lee cada oración. A continuación, encierra en un círculo el sustantivo o los sustantivos a los que sustituya cada pronombre subrayado.

Betty has a computer. She keeps it on her desk.

6. Liv forgot her umbrella. She went home to get it.

7. Benji asked Juan if he would teach him to hit a baseball.

8. Amira and Becca both collect seashells. Sometimes, they trade with each other.

9. Rachel plays the violin, and sometimes she sings, too.

10. We gave our dog a new toy. Fido barked when he saw it.

11. Our school bus is always crowded, and it is usually noisy, too.

DÍA 3

Lee cada grupo de palabras. Encierra en un círculo cada palabra correctamente escrita y escríbela en la línea.

12. wunderful   wonderful   wondirful   _________________

13. warm   wirm   warme   _________________

14. wurried   woried   worried   _________________

15. woh   hwo   who   _________________

16. wair   where   wher   _________________

17. weigh   weh   wiegh   _________________

18. wint   wat   want   _________________

19. w'ont   won't   wo'nt   _________________

Pruebas de tira y afloja

Juega al tira y afloja. Ata varios pedazos de tela resistentes para hacer una cuerda. Asegúrate de utilizar un pedazo de tela roja en el centro. Utiliza una regla u otro objeto recto para hacer una línea en el piso. Agrupa a algunos amigos o familiares en equipos. Haz que cada miembro del equipo se prepare en su posición de la cuerda. Luego, haz que empiecen a halar la cuerda al mismo tiempo hasta que un equipo hale al otro a través de la línea. Cambia los equipos. Cuando todos hayan terminado de demostrar su fuerza, celebren en grupo con unos refrescantes vasos de limonada.

DATO: La Biblioteca del Congreso de Estados Unidos tiene más de 168 millones de artículos.

* Ve la página ii.

Nombra cada figura por sus puntos y márcala con el símbolo correcto.

EJEMPLOS:

AB = Línea AB (o BA)   AB = Segmento de línea AB (o BA)   AB = Flecha AB

1.

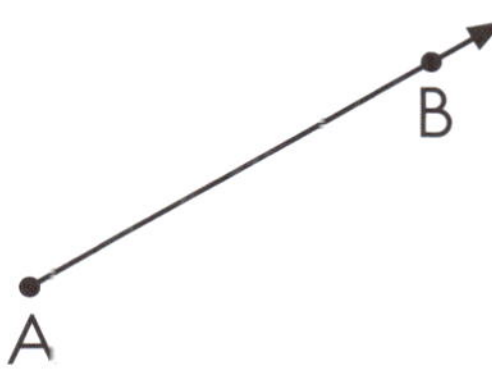

____

2.

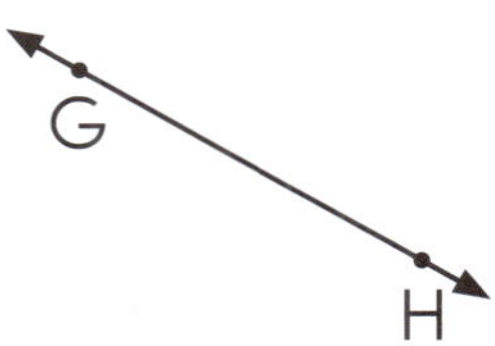

____

3.

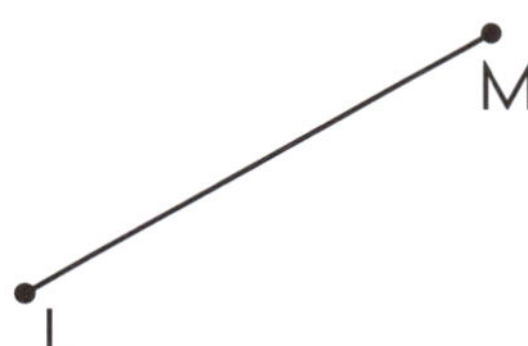

____

4.

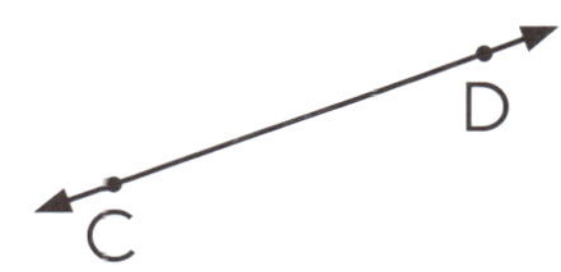

____

5.

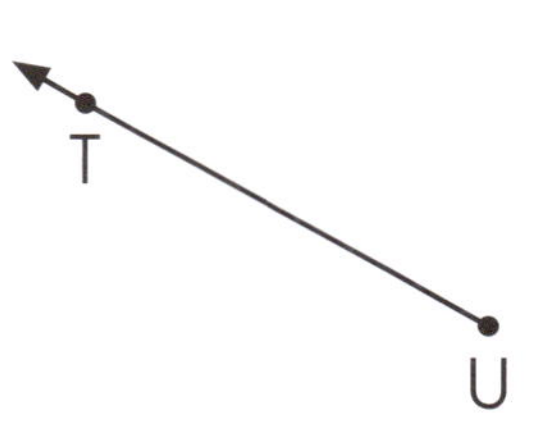

____

6.

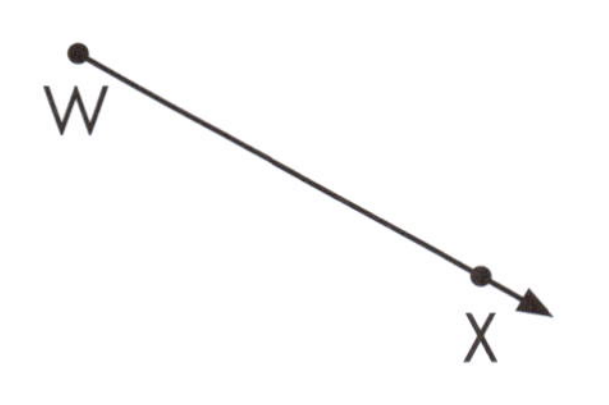

____

¿Qué harías si un día te despertaras con el pelo verde? Procura escribir en inglés.

____

____

____

____

DÍA 4

Escribe la palabra *homófona* (homophone) correcta del paréntesis para completar cada oración.

7. Asha has two ________________________ and three oranges. (pears, pairs)

8. Brian can never ________________________ to play the game right. (seam, seem)

9. Mother will sift the ________________________ for the cookies. (flour, flower)

10. I hope that I can get everything ________________________ on time. (write, right)

11. Nannette ________________________ the baking contest. (won, one)

12. The bread ________________________ was very sticky. (doe, dough)

Las *pistas contextuales* (context clues) son las palabras que rodean a una palabra que no conoces. Utiliza las pistas contextuales para averiguar el significado de cada palabra subrayada. A continuación, encierra en un círculo la letra que aparezca junto al significado correcto de la palabra.

13. My brother and I often <u>argue</u> about who gets to use the computer.
    A. work   B. disagree   C. study

14. The <u>official</u> told us not to enter the building until 8 o'clock.
    A. person in charge   B. nurse   C. child

15. Josie saw an <u>unusual</u> light in the sky and asked her father what it was.
    A. dark   B. star   C. different

16. The <u>cardinal</u> in my backyard is a beautiful sight. I love his bright red color and sweet song.
    A. singer   B. branch   C. bird with red feathers

17. Mom asked me to turn down the <u>volume</u> on the TV because it was too loud.
    A. noise level   B. book   C. color

ACONDICIONAMIENTO FÍSICO: Haz cinco flexiones.

* Ve la página ii.

Utiliza el reloj para responder cada pregunta.

1. ¿Qué hora marca el reloj?

   ____

2. ¿Cuánto tiempo tarda el minutero en pasar del 6 al 5?

   ____

3. ¿Qué hora será cuando el minutero llegue al 12? _______________________________

4. ¿Qué hora será cuando el minutero se mueva 15 minutos? _______________________________

Escribe el número de *lados* (sides) y *vértices* (vertices) de cada *polígono* (polygon).

5. 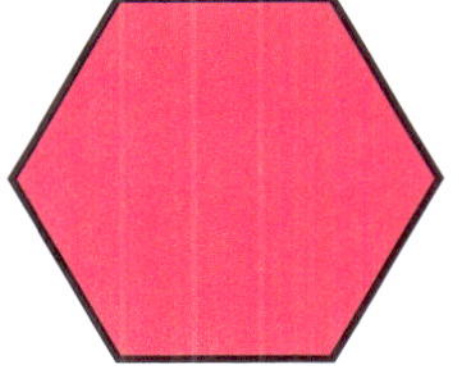

   ______lados ______vértices

6. 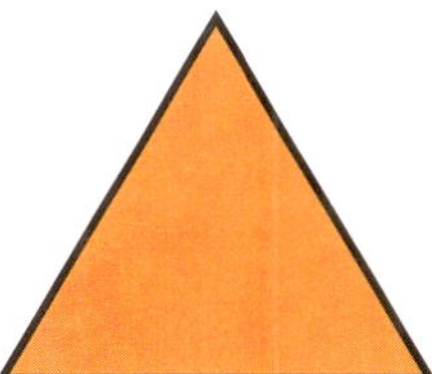

   ______lados ______vértices

7. 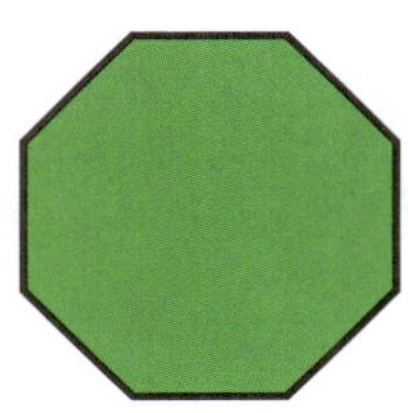

   ______lados ______vértices

8. 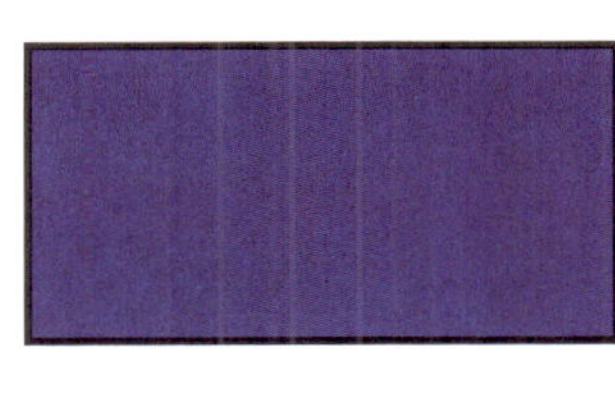

   ______lados ______vértices

9. 

   ______lados ______vértices

10. 

    ______lados ______vértices

11. ¿Cuáles tres figuras tienen el mismo número de lados y vértices?

    _______________________   _______________________   _______________________

DÍA 5

Suma para encontrar cada adición.

12.	4,340 5,433 +3,238	13.	356 674 +380	14.	54 39 +73	15.	634 198 +518	16.	67 98 +74

17.	47 34 +99	18.	321 436 +548	19.	2,783 2,546 +6,748	20.	9,418 8,009 +7,245	21.	4,259 1,564 +2,873

Un *adverbio* (adverb) es una palabra que modifica a un verbo. Encierra en un círculo el adverbio de cada oración. Luego, subraya el verbo modificado por el adverbio.

22. On Independence Day, we usually go to the parade.

23. We drive slowly because of traffic.

24. The parade often begins with a marching band.

25. The marching band plays loudly.

26. The huge crowd cheers excitedly.

27. My favorite part is when the big floats pass near us.

28. All of the floats are decorated beautifully.

29. We never see one we don't like.

PRUEBA DE CARÁCTER: Piensa en un aspecto de tu vida que te gustaría mejorar. Conviértelo en un objetivo.

COLOCA UNA ESTRELLA AQUÍ.

DÍA 6

Completa cada tabla de multiplicación.

1.

× 2	
4	
8	
3	6
6	
9	
5	10
7	

2.

× 3	
3	9
7	
5	
2	
6	18
4	
8	

3.

× 4	
10	
5	20
8	
4	
7	
6	
9	

4.

× 5	
9	
2	
6	
3	15
5	
7	
4	

Elige del banco de palabras la palabra que complete correctamente cada oración.

cottage

quarter

curtains

circus

bell

pictures

pennies

market

chatter

5. Look at all of the funny _______________________ in this book.

6. You can buy bread and milk at the _______________________.

7. We live in a small _______________________.

8. This pencil costs a _______________________.

9. I am saving a lot of _______________________ in a jar.

10. The clowns at the _______________________ were great.

11. When you hear the _______________________, run fast.

12. We have white _______________________ on our windows.

13. Chipmunks _______________________.

DÍA 6

Divide para encontrar cada cociente.

14. $6\overline{)360}$ 15. $8\overline{)432}$ 16. $4\overline{)496}$ 17. $7\overline{)637}$

18. $8\overline{)856}$ 19. $7\overline{)105}$ 20. $9\overline{)720}$ 21. $7\overline{)196}$

Escribe entre paréntesis la forma correcta del *verbo irregular* (irregular verb) en pasado para completar cada oración.

22. Our teacher ______________________ our class a book about insects. (read)

23. I ______________________ Mr. Lee before he was my teacher. (know)

24. Ms. Kemp ______________________ us that we could eat outside today. (tell)

25. Drew______________________ that I can borrow his jump rope anytime. (say)

26. I ______________________ a bird chirping in a tree. (hear)

27. Cody ______________________ a new baseball glove today. (buy)

28. Hannah ______________________ her favorite blue shirt under her bed. (find)

29. Brooke and Gene each ______________________ an apple for a snack. (eat)

30. Jaime and her dad ______________________ a bookcase for her room. (build)

DATO: La mayor población de perritos de las praderas de la que se tiene constancia se encontraba en Texas. Cubría unas 25 000 millas cuadradas (65 000 kilómetros cuadrados).

COLOCA UNA ESTRELLA AQUÍ.

DÍA 7

Dibuja una línea recta que pase por tres números que, al sumarlos, sumen cada una de las adiciones proporcionadas.

1. Suma: 78

20	28	14
16	32	42
19	18	13

2. Suma: 110

16	33	64
39	22	44
51	10	72

3. Suma: 251

71	47	18
82	20	46
98	43	33

4. Suma: 149

15	93	24
63	25	33
63	25	61

5. Suma: 506

94	100	90
88	206	58
79	200	96

6. Suma: 189

94	100	90
88	20	58
79	10	96

Para completar cada oración, escribe la forma correcta del verbo entre paréntesis, ya sea en *pasado* (past tense) o en *presente* (present tense).

7. My friends and I like to _______________________clay animals. (make)

8. Yesterday, we _______________________ the clay into different shapes. (roll)

9. Jeremy _______________________ making a clay hippo yesterday. (enjoy)

10. Our teacher_______________________ us bake the clay animals. (help)

11. He always _______________________ them in the kiln. (place)

12. After they were baked and cooled, we _______________________ them. (paint)

13. Often, we _______________________ them as gifts. (give)

DÍA 7

Lee cada grupo de palabras. Escribe las palabras en el orden correcto para formar oraciones completas. Utiliza la puntuación y las mayúsculas correctamente.

14.   rode hill the I down on bike a ____

____

15.   garden a our mom backyard I planted and in my ________________________

____

16.   themselves elephants animals when braced all the sneezed the of __________

____

17.   bottles of full wagon a pulled cory ____________________________________

____

Encuentra el área de cada figura.

18.
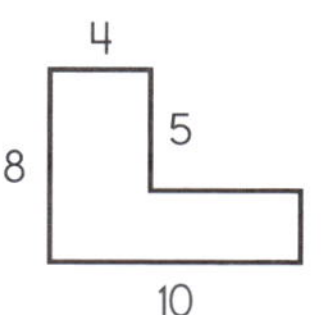

área = ______________ unidades cuadradas

19.
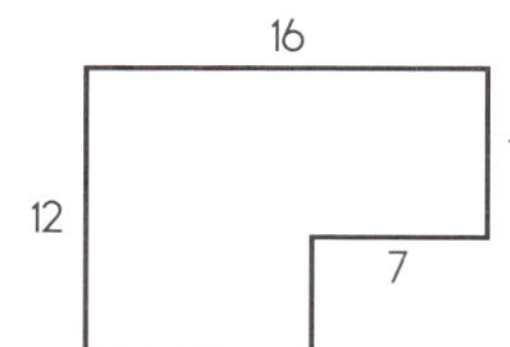

área = ______________ unidades cuadradas

20.
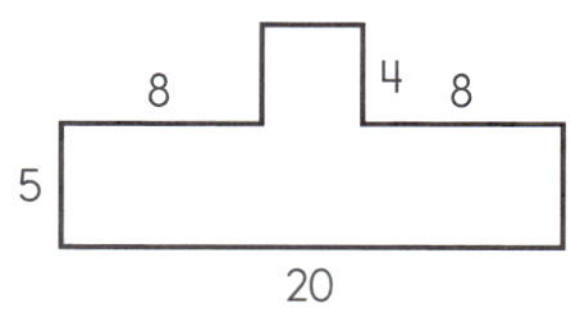

área = ______________ unidades cuadradas

21.
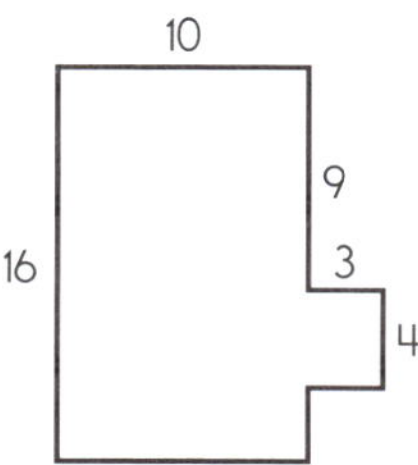

área = ______________ unidades cuadradas

Añade comas donde corresponda en cada frase u oración.

1. My family visits Spring Grove Minnesota every year in the summer.

2. Dear Grandpa

3. Yours truly

4. On October 9 2009 Carolyn saw the play.

5. My aunt and uncle live in North Branch New York.

6. Dear Jon

7. January 1 2010

8. Paris Texas is located in the northeastern part of the state.

Encierra en un círculo la medida del paréntesis que complete correctamente cada oración.

9. Una tina puede contener hasta (150 mililitros, 150 litros) de agua.

10. Un florero puede contener hasta (1 litro, 1 milimitro) de agua.

11. Una bici puede pesar (10 gramos, 10 kilogramos).

12. Una naranja puede pesar (100 gramos, 100 onzas).

13. Una mazorca de elote tiene (11 pulgadas, 11 yarcas) de largo.

14. Un lápiz tiene (15 metros, 15 centimetros) de largo.

DÍA 8

Divide para encontrar cada cociente.

15. $2\overline{)184}$ 16. $7\overline{)210}$ 17. $7\overline{)231}$ 18. $5\overline{)625}$

19. $9\overline{)459}$ 20. $4\overline{)256}$ 21. $9\overline{)144}$ 22. $5\overline{)355}$

23. $9\overline{)162}$ 24. $8\overline{)320}$ 25. $6\overline{)132}$ 26. $8\overline{)136}$

Subidas y bajadas exigentes

Hay muchos ejercicios excelentes para mejorar la fuerza. Uno de ellos, en el que se utiliza todo el cuerpo, es el llamado «hacia arriba y hacia abajo». Comienza corriendo en un mismo lugar. A continuación, acuéstate en el piso con el pecho pegado a este y las piernas rectas detrás de ti. Haz una flexión. A continuación, ponte de pie de un salto y vuelve a correr en un mismo lugar. Recuerda que debes empezar despacio. Aunque no es fácil, hacer flexiones es una forma estupenda de mejorar tu forma física general.

DATO: Los guepardos son los únicos felinos que no tienen garras totalmente retráctiles.

* Ve la página ii.

Cuaderno de lecturas de verano

Nombre: _______________________

Fecha	Título del libro	Minutos de lectura	Iniciales del adulto

SP Summer Bridge Essentials User Guide 3-4

REMWIP-0239

Summer Bridge
ACTIVITIES®

De acuerdo con estudios, en el verano hay alrededor de **2 meses de pérdidas de conocimientos,** y las mayores tienen lugar en las áreas de **matemáticas y ortografía.**

97% **de los maestros** dicen que es importante que los estudiantes, durante el verano, **practiquen lo que aprendieron en la escuela.**

92% **de los maestros** concuerdan en que los estudiantes tendrán más éxito a largo plazo **si durante el verano siguen aprendiendo de alguna u otra manera.**

9 de cada 10 padres de familia dicen que si hubieran sabido que sus hijos iban a perder conocimientos durante el verano, **habrían intentado evitarlo.**

84% **de los padres de familia** afirman que si sus hijos **siguen aprendiendo de alguna manera durante el verano,** tendrán más éxito a largo plazo.

Fuentes:
1. Encuesta de Aprendizaje Veraniego de Carson Dellosa Education, diciembre de 2017.
2. De acuerdo con estudios, en el verano hay alrededor de 2 meses de pérdidas de conocimientos, y las mayores tienen lugar en las áreas de matemáticas y ortografía. (http://archive.education.jhu.edu/PD/newhorizons/Journals/spring2010/why-summer-learning/index.html).
3. Las pérdidas de conocimientos del verano se acumulan: los niños que incurren en ellas normalmente no logran ponerse al corriente durante el otoño. Mientras sus compañeros adquieren más habilidades, ellos se ponen al corriente con lo perdido durante el verano. Para el final del 6° grado, los niños que perdieron conocimientos durante los veranos se encuentran en promedio con 2 años de retraso con respecto a sus compañeros. (http://www.brighthubeducation.com/summer-learning-activities-ideas/78894-how-reading-prevents-summer-learning-loss/).
4. Para el 9° grado, las pérdidas de conocimiento del verano pueden ser las responsables de alrededor de dos terceras partes de la brecha de logros. (http://www.time.com/time/magazine/article/0,9171,2005863,00.html).
5. Los maestros pasan en promedio de 4 a 6 semanas enseñando de nuevo temas que los estudiantes olvidaron durante el verano (Ron Fairchild, Director ejecutivo del Instituto para el Aprendizaje de Verano del Hospital Johns Hopkins: http://www.whatkidscando.org/archives/whatslearned/WhatIfSummerLearning.pdf).

Tu mochila contiene una variedad de materiales para ayudar a que tu hijo aprenda en este verano:

- Un *Libro de actividades para la pausa del verano*
- Tarjetas
- Cuatro libros para lecturas veraniegas de Rourke Educational Media
- Un cuaderno de lecturas de verano (en la parte trasera de esta guía)
- Tres calendarios mensuales (en la parte trasera de esta guía)

Antes de empezar, considera destinar un área de tu casa para las lecturas de verano. Un espacio dedicado a la lectura puede ayudar a motivar a tu hijo, nutrir su creatividad y mejorar su concentración. Deberá tener buena iluminación y un lugar para materiales como lápices, crayones y hojas de papel.

Sigue las pautas indicadas abajo para sacar el máximo provecho a cada parte de tu mochila.

Libro de actividades para la pausa del verano

El libro de actividades es el núcleo del programa de aprendizaje de tu hijo. Contiene dos páginas de actividades divertidas para cada día de la semana durante el verano y sirve de apoyo al desarrollo de habilidades de lengua y literatura, lectura, matemáticas, ciencia, estudios sociales, aptitudes y desarrollo del carácter. Las habilidades que tu hijo aprendió el año anterior son repasadas al inicio del libro. Las habilidades del año que viene son presentadas al final.

Motiva a tu hijo a que haga uso de las herramientas adicionales del libro de actividades. Corta las tarjetas que se encuentran al final del libro y únelas con un aro o guárdalas en una bolsa con cierre para que puedas llevarlas contigo. Deja que tu hijo use una calcomanía de estrellita para mostrar que completó las actividades de cada día.

Tarjetas

Usa estas útiles tarjetas para practicar habilidades de aprendizaje importantes. Llévalas contigo cuando viajes o salgas a hacer compras. Consulta la tarjeta de fuentes que está en la caja para obtener ideas de juegos y actividades.

Libros para lecturas veraniegas

Incluye cuatro atractivos libros, seleccionados especialmente para la edad de tu hijo: dos de no ficción y dos de ficción. ¡Permite que estos libros sean el inicio de un verano lleno de lecturas placenteras y divertidas para tu hijo!

1

Juntos, lean los libros, asegurándote de que tu hijo aprenda cada palabra. Luego, anímalo a que los lea una y otra vez durante el verano. En cada libro, busca al frente las páginas de *Conexiones entre escuela y casa*. Ofrecen consejos para ayudar a tu hijo a aprender antes y durante la lectura.

Mira la contratapa del libro para encontrar preguntas para el intercambio de ideas, así como una actividad para llevar a cabo después de la lectura. En las páginas 3 a 6 de esta guía del usuario, encuentra aún más consejos para ayudar a tu hijo a aprender leyendo. Estas ideas pueden ser usadas con cualquier libro que tu hijo quiera leer. Incrementarán su compromiso con la lectura y lo ayudarán a maximizar el beneficio y disfrute de las lecturas veraniegas.

Cuaderno de lecturas de verano

Encuentra este cuaderno de fácil uso en la última página de esta guía del usuario. Quizá sea buena idea desprenderlo y colocarlo en un lugar conveniente. Úsalo para dar seguimiento a las lecturas de tu hijo durante el verano, duplicando las páginas según sea necesario. Puedes usarlo también para registrar el progreso hacia un objetivo de lectura, tal como leer 20 libros durante el verano.

Leer por placer es una de las mejores maneras en que tu hijo puede desarrollar habilidades de pensamiento. Visita la biblioteca más cercana con frecuencia y anima a tu hijo a leer todos los días. Encuentra sugerencias de lecturas en el *Libro de actividades para la pausa del verano* a partir de la página viii.

Calendarios mensuales

Las tres páginas con calendarios al final de esta guía del usuario corresponden aproximadamente a los tres meses de una vacación de verano típica. Podrías pegar cada calendario en el refrigerador o en cualquier otro lugar conveniente.

Los calendarios incluyen sugerencias de actividades para el aprendizaje para cada día del verano. Anima a tu hijo a hacer tantas como le sean posibles. Trata de dedicar al menos 15 minutos cada día a actividades de aprendizaje. Esto ayudará a tu hijo a mantener sus aptitudes y prepararlo para el próximo año escolar.

¡Nadie conoce mejor a tu hijo que tú! No dudes en modificar el número o tipo de actividades para adecuarlas a sus necesidades. Está bien si lo ayudas o si se toman un descanso y retoman la actividad otro día. Usa tu creatividad para hacerla más o menos difícil, para incluirla en un proyecto divertido o para conectarla con la vida de tu hijo.

¡Comencemos! ¡Tu hijo está por iniciar un verano lleno de diversión y aprendizaje!

GUÍA DE LECTURAS VERANIEGAS: FICCIÓN

Leer obras de ficción es una gran manera de hacer que tu hijo use su imaginación, ejercite el pensamiento y las habilidades de solución de problemas y crezca su capacidad de empatía con gente diferente.

Encuentra sugerencias de libros de ficción adecuados para su edad e intereses en el *Libro de actividades para la pausa del verano* a partir de la página viii.

Usa las ideas de las secciones siguientes para fortalecer su compromiso con y aprendizaje de cada libro que tu hijo quiera leer.

ANTES DE LEER

Vista previa

Mira el libro y haz que tu hijo se emocione por leerlo. Habla de la imagen de la tapa. Lee la sinopsis de la contratapa junto con tu hijo. Toma el libro y hojéalo. ¿Tiene capítulos? ¿Ilustraciones? ¿Es más largo o más corto que otros libros que tu hijo suela leer?

Conecta

Pide a tu hijo que piense cómo se relaciona el cuento con sus propias experiencias. ¿El personaje principal es más joven o más viejo que él/ella? ¿Los lugares mostrados son familiares o desconocidos? ¿Los personajes podrían encontrarse en situaciones por las que tu hijo ha pasado?

Activa los conocimientos que tu hijo pueda tener sobre el contexto. Por ejemplo, si el cuento es sobre aprender a nadar, pide a tu hijo que recuerde sus propias experiencias en el agua.

Haz predicciones

Pregunta a tu hijo qué piensa que puede ocurrir en el cuento. Rétalo a darte razones sobre sus predicciones.

DURANTE LA LECTURA

Detente y revisa

Cuando tu hijo se encuentre con una palabra desconocida, anímalo a que haga una pausa e intente diversas estrategias para desentrañar su significado. Lean de nuevo el texto alrededor de esa palabra, para encontrar pistas sobre su significado. Habla con alguien acerca del significado de esa palabra. Busquen la palabra en el glosario del libro o en el diccionario.

Haz un pausa y predicciones

Ocasionalmente, pide a tu hijo que se detenga en la lectura y piense acerca del cuento. ¿Qué ha sucedido hasta ahora? ¿Qué dificultades enfrentan los personajes? ¿Qué decisiones piensa tu hijo que tomarán? Anima a tu hijo a razonar sobre sus predicciones usando evidencias de otras partes del cuento.

Identifica los elementos del cuento

Conforme tu hijo lee y comenta el cuento, motívalo a usar la terminología relacionada con la ficción.

¿Cuáles son los *personajes* de este cuento? ¿Cuáles son los *rasgos* de los personajes?

¿Cuál es el *escenario* del cuento? ¿El escenario es importante para el cuento, o podría llevarse a cabo en cualquier lugar?

¿Qué sucesos ocurren al *incio*, la *mitad* y el *final*? ¿Por qué o cómo ocurre cada *suceso*?

¿Cuál es el *conflicto* que el personaje principal enfrenta? ¿Qué dice o hace para resolver el conflicto?

DESPUÉS DE LA LECTURA

Verifica la comprensión

Haz preguntas para verificar su comprensión del cuento. Haz preguntas básicas (por ejemplo: ¿cómo se escapó la jirafa del zoológico?), así como preguntas que requieren un pensamiento más complejo (por ejemplo: ¿cómo se sentía el personaje en la fiesta?). Si el libro incluye preguntas diseñadas para verificar la comprensión de lectura, úsalas con tu hijo.

Intercambia ideas

Habla acerca del cuento con tu hijo. ¿Cómo se sintió con el final? ¿Qué dudas le dejó? ¿Tu hijo está de acuerdo o en desacuerdo con las decisiones del personaje principal? Pide a tu hijo que recuerde sus partes preferidas del cuento y describa por qué son memorables o significativas. Si el libro incluye preguntas para la discusión, úsalas.

Amplía

Motiva a tu hijo a que amplíe el disfrute del cuento al conectarlo con un proyecto, actividad o exploración divertidos. Sé creativo y aporta tus propias ideas, o prueba alguna de estas:

- Escribe un final diferente.
- Haz un cómic o una novela gráfica basada en el cuento.
- Actúa una escena del cuento.
- Haz una línea del tiempo con los principales sucesos del cuento.
- Escribe un correo electrónico al autor para decirle lo que te gustó del cuento y lo que aprendiste de él.

★ ★ ★ ★ GUÍA DE LECTURAS VERANIEGAS: NO FICCIÓN ★ ★ ★ ★

Leer no ficción representa una forma ideal de lograr que tu hijo adquiera conocimientos fascinantes sobre el mundo, ejercite sus habilidades de pensamiento crítico y practique la lectura como adquisición de información, una habilidad que usará toda su vida en un mundo cada vez más complejo.

Encuentra sugerencias de libros de no ficción adecuados para su edad e intereses en el *Libro de actividades para la pausa del verano* a partir de la página viii.

Usa las ideas de las secciones siguientes para fortalecer su compromiso con y aprendizaje de cada libro de no ficción que tu hijo quiera leer.

ANTES DE LEER

Vista previa

Mira el libro y haz que tu hijo se emocione por leerlo. Habla de la imagen de la tapa. Lee la sinopsis de la contratapa junto con tu hijo. Toma el libro y hojéalo. ¿Tiene capítulos? ¿Imágenes? ¿Es más largo o más corto que otros libros que tu hijo suela leer?

Haz predicciones

Pregunta a tu hijo de qué piensa que tratará el libro. ¿Qué tipo de hechos incluye? ¿Qué preguntas responderá? Rétalo a darte razones sobre sus predicciones.

Conecta

Pide a tu hijo que piense cómo se relaciona el tema del libro con sus propios conocimientos y experiencias. ¿El libro le da información sobre un tema del que ya sabe mucho? Si es así, ¿qué nuevas cosas espera aprender? ¿El tema incluye gente, lugares o cosas que no le son familiares? Si es así, ¿qué espera aprender?

Ya sea que el tema resulte familiar o desconocido, activa los conocimientos que tu hijo pueda tener al respecto. Por ejemplo, si el libro es sobre la *Estación Espacial Internacional*, pídele que recuerde lo que sabe sobre el tema.

DURANTE LA LECTURA

Detente y revisa

Cuando tu hijo se encuentre con una palabra desconocida, anímalo a que haga una pausa e intente diversas estrategias para desentrañar su significado. Lean de nuevo el texto alrededor de esa palabra, para encontrar pistas sobre su significado. Hablen con alguien acerca del significado de esa palabra. Busquen la palabra en el glosario del libro o en el diccionario.

Haz un pausa y predicciones

Ocasionalmente, pide a tu hijo que se detenga en la lectura y piense acerca del libro. ¿Qué dudas sobre el tema han sido respondidas hasta el momento y cuáles quedan aún sin respuesta? ¿Qué información piensa tu hijo que encontrará más adelante? Anima a tu hijo a razonar sobre sus predicciones usando evidencias de otras partes del libro.

Identifica la información relevante

Conforme tu hijo lee y comenta el libro, motívalo a usar la terminología relacionada con la no ficción.

¿Cuál es la *idea principal* del libro? ¿Qué es lo que el autor más desea que entiendas y recuerdes?

¿Qué *hechos* son mencionados para respaldar la idea principal?

¿Qué *características de texto* incluye? ¿El libro tiene fotografías o ilustraciones con *pies de foto*, palabras en *negritas*, un *índice*, *encabezados* de capítulos y secciones o un *glosario*? ¿Cómo ayudan estas características a usar el libro y entender el tema?

DESPUÉS DE LA LECTURA

Verifica la comprensión

Haz preguntas para verificar su comprensión del libro. Haz preguntas básicas (por ejemplo: ¿cuántos planetas hay en nuestro sistema solar?), así como preguntas que requieren un pensamiento más complejo (por ejemplo: ¿en qué se parecen una ardilla y un conejo?). Si el libro incluye preguntas diseñadas para verificar la comprensión de lectura, úsalas con tu hijo.

Intercambia ideas

Habla acerca del libro con tu hijo. ¿Qué aprendió sobre el tema? ¿Qué más quiere aprender al respecto? ¿Cómo pueden encontrar las respuestas a sus preguntas? Desafía a tu hijo a mencionarte tres hechos y tres opiniones acerca del tema, asegurándote de que distinga entre hecho y opinión. Si el libro incluye preguntas para la discusión, úsalas.

Amplía

Motiva a tu hijo a que amplíe el disfrute del libro al conectarlo con un proyecto, actividad o exploración divertidos. Sé creativo y aporta tus propias ideas, o prueba alguna de estas:

- Haz un podcast o video breves acerca del libro.
- Haz dibujos, cuadros o gráficas simples para mostrar información del libro.
- Escribe un artículo periodístico sobre el libro.
- Escribe una canción sobre algunos hechos contenidos en el libro.
- Visita un museo o lugar similar para aprender más sobre el tema.

Sección 1: calendario

Este calendario contiene sugerencias de actividades para cada día de la semana durante el primer mes de las vacaciones de verano. ¡No olvides apuntar tus lecturas en el *Cuaderno de lecturas de verano*!

Día 1	Día 2	Día 3	Día 4	Día 5
Páginas del día 1. Completa las METAS MENSUALES. ¡Lee! Comparte con un amigo o familiar algo que hayas aprendido.	Páginas del día 2. Completa una actividad de APTITUDES VELOZ. ¡Lee! Haz una conexión entre algo del libro y algo de tu vida.	Páginas del día 3. Usa las tarjetas para mantener tus habilidades afinadas. ¡Lee! Haz un dibujo que se relacione con el libro.	Páginas del día 4. Completa una actividad de REVISIÓN DEL CARÁCTER. ¡Lee! Detente y haz una sinopsis para un amigo o familiar de lo que has leído hasta el momento.	Páginas del día 5. Completa una actividad EXTRA. ¡Lee! Escoge una página que te guste y léesela en voz alta a un amigo o familiar.
Día 6	**Día 7**	**Día 8**	**Día 9**	**Día 10**
Páginas del día 6. Completa una actividad de APTITUDES VELOZ. ¡Lee! Haz una conexión entre algo que aparece en el libro que estás leyendo con otro que hayas leído.	Páginas del día 7. Muestra a un familiar algo que hayas hecho en tu libro de actividades. ¡Lee! Predice qué más menciona el libro.	Páginas del día 8. Completa una actividad de REVISIÓN DEL CARÁCTER. ¡Lee! Escribe tus reflexiones y sentimientos sobre el libro en un diario.	Páginas del día 9. Usa las tarjetas para mantener tus habilidades afinadas. ¡Lee! Lee en voz alta una página como si fueras un presentador de noticias o un actor.	Páginas del día 10. Completa una actividad EXTRA. ¡Lee! Haz un dibujo que se relacione con el libro.
Día 11	**Día 12**	**Día 13**	**Día 14**	**Día 15**
Páginas del día 11. Explica a un familiar algo que hayas aprendido en la escuela el año pasado. ¡Lee! Detente y haz una sinopsis para un amigo o familiar de lo que has leído hasta el momento.	Páginas del día 12. Usa las tarjetas para mantener tus habilidades afinadas. ¡Lee! Escoge una página que te guste y léesela en voz alta a un amigo o familiar.	Páginas del día 13. Completa una actividad de APTITUDES VELOZ. ¡Lee! Busca una palabra en el diccionario.	Páginas del día 14. Completa una actividad de REVISIÓN DEL CARÁCTER. ¡Lee! Haz una conexión entre algo del libro y algo de tu vida.	Páginas del día 15. Completa una actividad EXTRA. ¡Lee! Comparte con un amigo o familiar algo que hayas aprendido.
Día 16	**Día 17**	**Día 18**	**Día 19**	**Día 20**
Páginas del día 16. Completa una actividad de REVISIÓN DEL CARÁCTER. ¡Lee! Escribe tus reflexiones y sentimientos sobre el libro en un diario.	Páginas del día 17. Completa una actividad de APTITUDES VELOZ. ¡Lee! Haz una conexión entre algo que aparece en el libro que estás leyendo con otro que hayas leído.	Páginas del día 18. Usa las tarjetas para mantener tus habilidades afinadas. ¡Lee! Predice qué más menciona el libro.	Páginas del día 19. Realiza una actividad EXTRA. ¡Lee! Busca una palabra en el diccionario.	Páginas del día 20. ¡Lee! Lee en voz alta una página como si fueras un presentador de noticias o un actor. ¡Recibe una recompensa! Podría ser un dulce o una actividad divertida en familia.

Sección 2: calendario

Este calendario contiene sugerencias de actividades para cada día de la semana durante el segundo mes de las vacaciones de verano. ¡No olvides apuntar tus lecturas en el *Cuaderno de lecturas de verano*!

Día 1	Día 2	Día 3	Día 4	Día 5
Páginas del día 1. Completa las METAS MENSUALES. ¡Lee! Comparte con un amigo o familiar algo que hayas aprendido.	Páginas del día 2. Completa una actividad de APTITUDES VELOZ. ¡Lee! Haz una conexión entre algo del libro y algo de tu vida.	Páginas del día 3. Usa las tarjetas para mantener tus habilidades afinadas. ¡Lee! Usa plastilina o juguetes de construcción para hacer algo que podría aparecer en el libro.	Páginas del día 4. Completa una actividad de REVISIÓN DEL CARÁCTER. ¡Lee! Detente y haz una sinopsis para un amigo o familiar de lo que has leído hasta el momento.	Páginas del día 5. Completa una actividad EXTRA. ¡Lee! Escoge una página que te guste y léesela en voz alta a un amigo o familiar.

Día 6	Día 7	Día 8	Día 9	Día 10
Páginas del día 6. Completa una actividad de APTITUDES VELOZ. ¡Lee! Haz una conexión entre algo que aparece en el libro que estás leyendo con otro que hayas leído.	Páginas del día 7. Muestra a un familiar algo que hayas hecho en tu libro de actividades. ¡Lee! Predice qué más menciona el libro.	Páginas del día 8. Completa una actividad de REVISIÓN DEL CARÁCTER. ¡Lee! Escribe tus reflexiones y sentimientos sobre el libro en un diario.	Páginas del día 9. Usa las tarjetas para mantener tus habilidades afinadas. ¡Lee! Lee en voz alta una página como si fueras un presentador de noticias o un actor.	Páginas del día 10. Completa una actividad EXTRA. ¡Lee! Haz un dibujo que se relacione con el libro.

Día 11	Día 12	Día 13	Día 14	Día 15
Páginas del día 11. Explica a un familiar algo que quieras aprender en la escuela el próximo año. ¡Lee! Escribe un capítulo que haga falta o un final alternativo para tu libro.	Páginas del día 12. Usa las tarjetas para mantener tus habilidades afinadas. ¡Lee! Escoge una página que te guste y léesela en voz alta a un amigo o familiar.	Páginas del día 13. Completa una actividad de APTITUDES VELOZ. ¡Lee! Busca una palabra en el diccionario.	Páginas del día 14. Completa una actividad de REVISIÓN DEL CARÁCTER. ¡Lee! Con ayuda de un adulto, escribe una reseña en línea del libro.	Páginas del día 15. Completa una actividad EXTRA. ¡Lee! Comparte con un amigo o familiar algo que hayas aprendido.

Día 16	Día 17	Día 18	Día 19	Día 20
Páginas del día 16. Completa una actividad de REVISIÓN DEL CARÁCTER. ¡Lee! Escribe tus reflexiones y sentimientos sobre el libro en un diario.	Páginas del día 17. Completa una actividad de APTITUDES VELOZ. ¡Lee! Haz una conexión entre algo que aparece en el libro que estás leyendo con otro que hayas leído.	Páginas del día 18. Usa las tarjetas para mantener tus habilidades afinadas. ¡Lee! Predice dos cosas más que mencionará el libro.	Páginas del día 19. Realiza una actividad EXTRA. ¡Lee! Busca una palabra en el diccionario.	Páginas del día 20. ¡Lee! Lee en voz alta una página como si fueras un presentador de noticias o un actor. ¡Recibe una recompensa! Podría ser un dulce o una actividad divertida en familia.

Sección 3: calendario

Este calendario contiene sugerencias de actividades para cada día de la semana durante el último mes de las vacaciones de verano. ¡No olvides apuntar tus lecturas en el *Cuaderno de lecturas de verano*!

Día 1	Día 2	Día 3	Día 4	Día 5
Páginas del día 1. Completa las METAS MENSUALES. ¡Lee! Comparte con un amigo o familliar algo que hayas aprendido.	Páginas del día 2. Completa una actividad de APTITUDES VELOZ. ¡Lee! Compara algo que te haya sucedido con algo que esté en el libro.	Páginas del día 3. Usa las tarjetas para mantener tus habilidades afinadas. ¡Lee! Haz un mapa o gráfico para ilustrar el libro.	Páginas del día 4. Completa una actividad de REVISIÓN DEL CARÁCTER. ¡Lee! Detente y haz una sinopsis para un amigo o familiar de lo que has leído hasta el momento.	Páginas del día 5. Completa una actividad EXTRA. ¡Lee! Escoge una página que te guste y léesela en voz alta a un amigo o familiar.
Día 6	**Día 7**	**Día 8**	**Día 9**	**Día 10**
Páginas del día 6. Completa una actividad de APTITUDES VELOZ. ¡Lee! Haz una conexión entre algo que aparece en el libro que estás leyendo con otro que hayas leído.	Páginas del día 7. Muestra a un familiar algo que hayas hecho en tu libro de actividades. ¡Lee! Predice dos cosas más que aparecerán en el libro.	Páginas del día 8. Completa una actividad de REVISIÓN DEL CARÁCTER. ¡Lee! Escribe tus reflexiones y sentimientos sobre el libro en un diario.	Páginas del día 9. Completa una actividad de APTITUDES VELOZ. ¡Lee! Lee en voz alta una página como si fueras un presentador de noticias o un actor.	Páginas del día 10. Completa una actividad EXTRA. ¡Lee! Escribe o dibuja un sueño que se relacione con el libro.
Día 11	**Día 12**	**Día 13**	**Día 14**	**Día 15**
Páginas del día 11. Piensa en tres metas de aprendizaje que tengas para el próximo año escolar. ¡Lee! Escribe un capítulo que haga falta o un final alternativo para tu libro.	Páginas del día 12. Usa las tarjetas para mantener tus habilidades afinadas. ¡Lee! Con ayuda de un adulto, escribe un correo electrónico al autor.	Páginas del día 13. Completa una actividad de APTITUDES VELOZ. ¡Lee! Busca una palabra en el diccionario.	Páginas del día 14. Completa una actividad de REVISIÓN DEL CARÁCTER. ¡Lee! Haz un separador de libros que contenga tres dudas que te haya dejado el libro.	Páginas del día 15. Completa una actividad EXTRA. ¡Lee! Comparte con un amigo o familliar algo que hayas aprendido.
Día 16	**Día 17**	**Día 18**	**Día 19**	**Día 20**
Páginas del día 16. Completa una actividad de REVISIÓN DEL CARÁCTER. ¡Lee! Escribe tus reflexiones y sentimientos sobre el libro en un diario.	Páginas del día 17. Completa una actividad de APTITUDES VELOZ. ¡Lee! Haz una conexión entre algo que aparece en el libro que estás leyendo con otro que hayas leído.	Páginas del día 18. Usa las tarjetas para mantener tus habilidades afinadas. ¡Lee! Compara el libro con el mejor libro que hayas leído.	Páginas del día 19. Realiza una actividad EXTRA. ¡Lee! Busca una palabra en el diccionario.	Páginas del día 20. ¡Lee! Califica todos los libros que leíste este verano en una escala del 1 al 5. ¡Recibe una recompensa de final del verano! Podría ser un dulce o una actividad divertida en familia.

Guía del usuario de la Mochila Esencial para la Pausa del Verano

RELÁJATE

★ y lee ★

Responde cada pregunta.

1. ¿Cuántos 6 hay en 18? __________
2. ¿Cuántos 9 hay en 18? __________

3. ¿Cuántos 5 hay en 25? __________
4. ¿Cuántos 7 hay en 21? __________

5. ¿Cuántos 2 hay en 8? __________
6. ¿Cuántos 8 hay en 32? __________

7. ¿Cuántos 4 hay en 20? __________
8. ¿Cuántos 6 hay en 36? __________

Lee cada oración. Si la palabra subrayada está escrita correctamente, escribe *correct*. Si está mal escrita, vuelve a escribirla con la ortografía correcta.

9. <u>I'd</u> like a glass of water. __________________________

10. Do you know where <u>they've</u> been today? __________________________

11. Be <u>carefull</u> with that knife. __________

12. My mom was very <u>unhappy</u> today. __________________________

13. What did Joni plant in her <u>gardin</u>? __________________________

14. We looked at all of the <u>babyies</u> in the hospital. __________________________

15. Aunt Mary canned 10 pounds of <u>cherries</u>. __________________________

16. He waved at us from the <u>window</u>. __________________________

17. Did you like the new <u>movee</u>? __________________________

18. Remember to set your alarm <u>clock</u>. __________________________

ACONDICIONAMIENTO FÍSICO: Haz 10 sentadillas.

* Ve la página ii.

DÍA 9

Lee la historia. A continuación, responde las preguntas.

Good Friends

Robert and Kaye are two of my best friends. We have gone to school together since we were in kindergarten. We even go to summer camp and the recreation center together. There are many reasons why I like to spend time with them. Robert always lets me borrow his skateboard. He knows that if I had a skateboard, I would let him borrow it. Robert is a person I can count on, too. When we are out riding our bikes together, Kaye sometimes lets me ride in front while she rides behind me. She understands that one way to be a good friend is by taking turns and being fair.

19. How is Robert a good friend?______________________________________

____

20. Is Kaye a fair person? Why? _____________________________________

____

21. List three things that the friends do together. _____________________

____

22. Write a few sentences about what you think makes a good friend.

____

____

____

____

23. What does it mean to say you can "count on" someone?______________

____

____

Resuelve cada problema de palabras. Muestra tu trabajo.

1. Hay 48 personas que vienen a una reunión familiar. Una cuarta parte de ellas vive fuera del estado. ¿Cuántos viven en el estado?

2. En la reunión en la que hay 48 personas, se servirán 3 comidas. Cada persona utilizará un plato para cada comida. ¿Cuántos platos se necesitan?

3. La persona de más edad que viene a la reunión tiene 84 años. La persona más joven tiene 3. ¿Cuántas veces es mayor la persona más vieja que la más joven?

4. De las personas que vienen a la reunión, 16 son niños. Cada niño recibirá 8 globos de agua. ¿Cuántos globos de agua se necesitan?

Lee cada par de palabras. Para cada par, escribe de qué forma se parecen y en qué se diferencian.

5. leopard, cheetah ____

____

6. keyboard, piano ____

____

7. cabin, tent ____

____

8. whistle, sing ____

____

DÍA 10

Resta para encontrar cada diferencia.

9. $943 - 549$ 10. $7{,}452 - 6{,}789$ 11. $526 - 268$ 12. $526 - 498$ 13. $754 - 528$

14. $751 - 439$ 15. $8{,}236 - 5{,}548$ 16. $7{,}840 - 4{,}251$ 17. $6{,}324 - 3{,}489$ 18. $7{,}223 - 1{,}759$

En las siguientes oraciones, encierra en un círculo los *verbos auxiliares* (helping verbs). Subraya los *verbos principales* (main verbs).

19. Antonio is going to soccer practice tomorrow.

20. The girls were planning a sleepover for Friday.

21. Samir has read that book at least three times.

22. Mom and Dad were expecting you for dinner.

23. Colin has used that same duffel bag for the last five years.

24. Brandy will bring snacks to the game.

25. Zara is joining the French club.

26. Tonight, we are studying for the quiz at Annie's house.

PRUEBA DE CARÁCTER: Busca la palabra *responsabilidad* (responsibility) en un diccionario. A continuación, escribe tres formas de ser responsable.

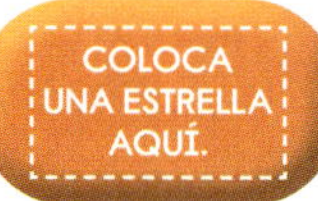

Suma para encontrar cada adición.

1. $\begin{array}{r} 6{,}898 \\ 5{,}433 \\ +2{,}154 \\ \hline \end{array}$ 2. $\begin{array}{r} 8{,}459 \\ 4{,}908 \\ +4{,}356 \\ \hline \end{array}$ 3. $\begin{array}{r} 525 \\ 653 \\ +896 \\ \hline \end{array}$ 4. $\begin{array}{r} 5{,}265 \\ 2{,}278 \\ +8{,}365 \\ \hline \end{array}$ 5. $\begin{array}{r} 2{,}147 \\ 3{,}255 \\ +2{,}256 \\ \hline \end{array}$

6. $\begin{array}{r} 654 \\ 452 \\ +138 \\ \hline \end{array}$ 7. $\begin{array}{r} 7{,}092 \\ 5{,}405 \\ +6{,}124 \\ \hline \end{array}$ 8. $\begin{array}{r} 5{,}768 \\ 6{,}937 \\ +7{,}034 \\ \hline \end{array}$ 9. $\begin{array}{r} 4{,}265 \\ 5{,}124 \\ +6{,}489 \\ \hline \end{array}$ 10. $\begin{array}{r} 8{,}214 \\ 7{,}716 \\ +6{,}389 \\ \hline \end{array}$

Una *metáfora* (metaphor) es una figura del habla en la que se comparan dos cosas sin utilizar las palabras *like* o *as*. Lee cada metáfora. Escribe los nombres de las dos cosas que se comparan.

11. The falling snowflakes were tiny dancers whirling through the sky.

_______________________________ and _______________________________

12. The highway was a parking lot, and it took us hours to get home.

_______________________________ and _______________________________

13. The tornado was a powerful train heading straight for the tiny town.

_______________________________ and _______________________________

14. Excitement was an electrical current that pulsed through the audience.

_______________________________ and _______________________________

15. Dara's fingers were icicles after two hours of sledding.

_______________________________ and _______________________________

DÍA 11

Escribe un número para cada forma expandida.

EJEMPLO:

	16.	17.	18.
7,000 + 500 + 60 + 2	1,000 + 800 + 40 + 7	4,000 + 200 + 80	9,000 + 900 + 90 + 9
7,562	_______	_______	_______
19.	20.	21.	22.
7,000 + 60 + 8	800 + 50 + 5	6,000 + 800 + 4	5,000 + 400 + 30 + 2
_______	_______	_______	_______

Utiliza las palabras del banco de palabras para resolver el crucigrama.

Horizontal (Across)

23. very sure

24. to make something look larger

25. to go behind

26. something that needs to be done now

27. to care for the sick

Vertical (Down)

28. to spin

29. to send back

30. not better

urgent	positive	nurse	worse
return	magnify	follow	twirl

DATO: Los ciervos de cola blanca adultos pueden correr hasta 30 millas (48 km) por hora.

DÍA 12

Escribe cada número. Luego, escribe su forma expandida.

1. Quinientos sesenta y uno: ____

2. Cuatrocientos ochenta y seis: ____

3. Cuatro mil ochocientos veintiséis: ____

Cuenta cuántos hay en cada conjunto. Escribe cada número.

4. 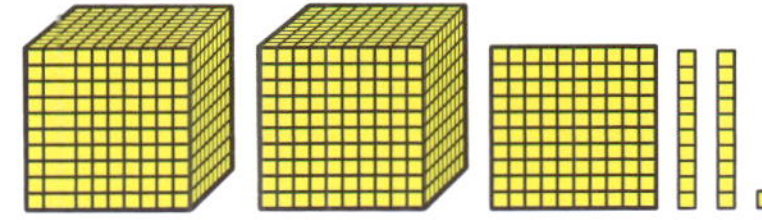   _________

5. 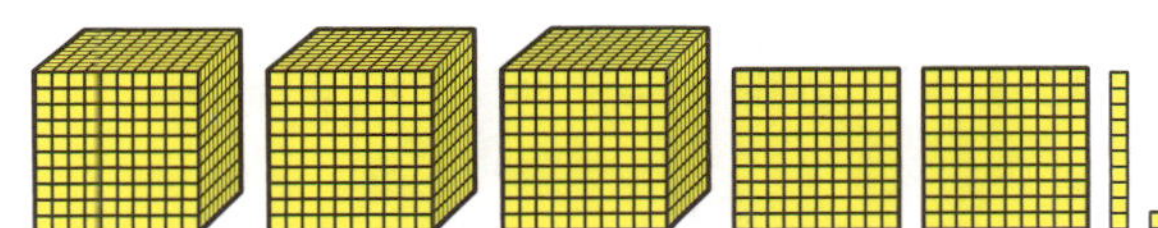   _________

Escribe la letra de cada definición junto al término geométrico correcto.

6. _________ líneas paralelas

7. _________ líneas perpendiculares

8. _________ vértice

9. _________ cara

10. _________ borde

11. _________ flecha

12. _________ segmento de línea

13. _________ ángulo

14. _________ líneas de intersección

A. Una línea con un punto final que continúa en una dirección.

B. El punto final de tres segmentos de línea en una figura sólida.

C. Una superficie plana de una figura sólida.

D. Donde se encuentran dos o más caras de una figura sólida.

E. Líneas que se cruzan para formar cuatro ángulos rectos.

F. El espacio entre dos flechas no paralelas que comparten un punto final.

G. Líneas que se cruzan en un solo punto.

H. Una línea con dos puntos extremos.

I. Líneas que nunca se cruzan.

DÍA 12

Lee la historia. A continuación, responde las preguntas.

Tara found a pair of pink sunglasses on the bus. They had red lightning bolts on the earpieces. Tara liked them. After lunch, she put on the sunglasses to wear at recess. A girl ran to her and said, "Excuse me, but I think those are mine." Tara's heart sank.

15. What do you think Tara will do? _______________________________________

____

16. Which clues helped you decide? _______________________________________

____

Vuelve a escribir el párrafo con la puntuación y las mayúsculas correctas.

last summer we went camping in colorado we went hiking and swimming every day one time i actually saw a baby white-tailed deer with spots we also took photos of a lot of pretty rocks flowers and leaves we had a great time i didn't want to leave

____

____

____

____

____

____

ACONDICIONAMIENTO FÍSICO: Haz cinco flexiones.

* Ve la página ii.

COLOCA UNA ESTRELLA AQUÍ.

Utiliza un *transportador* (protractor) para medir cada ángulo. Escribe la medida de cada ángulo. Luego, escribe *recto* (right), *llano* (straight), *agudo* (acute) u *obtuso* (obtuse) para identificar cada ángulo.

Ángulo recto:
Ángulo de 90°

Ángulo llano:
Ángulo de 180°

Ángulo agudo:
Mide menos
de 90°

Ángulo obtuso:
Mide más de 90°
pero menos de 180°

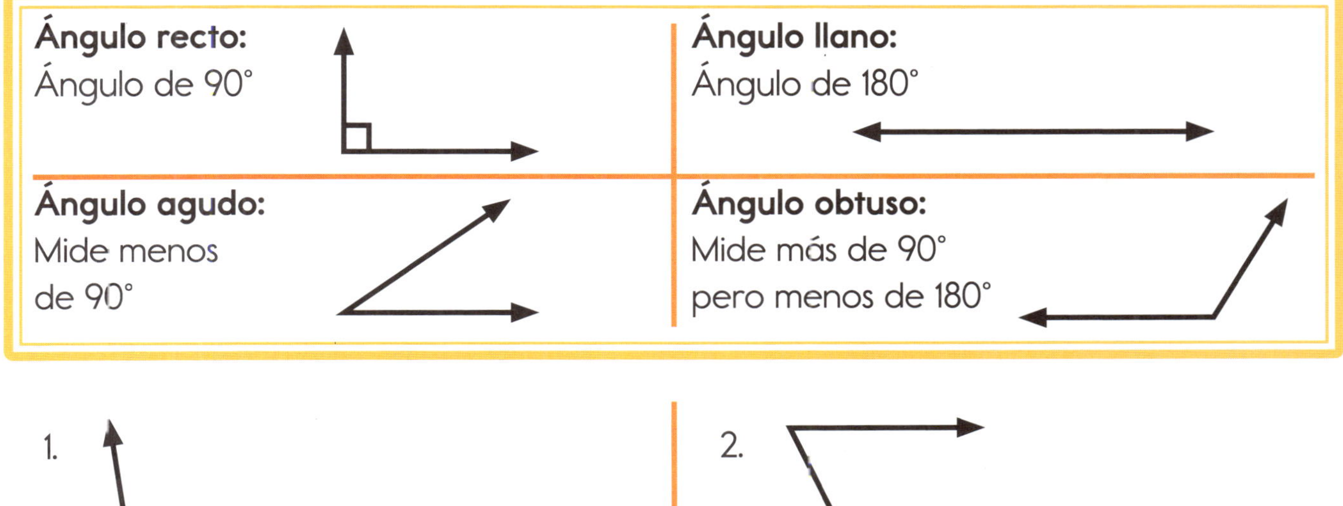

1.

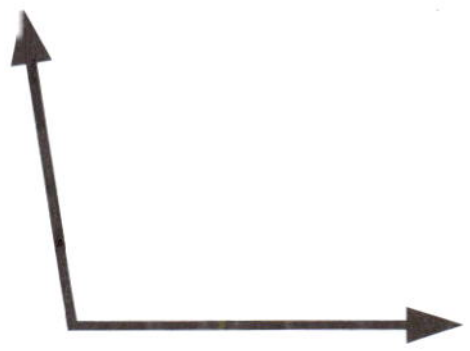

_________° _____________________

2.

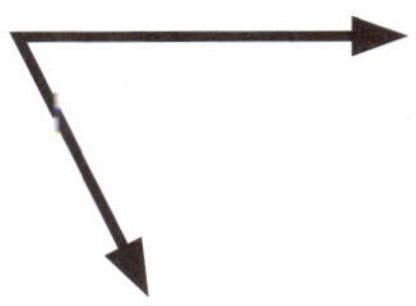

_________° _____________________

3.

_________° _____________________

4.

_________° _____________________

5.

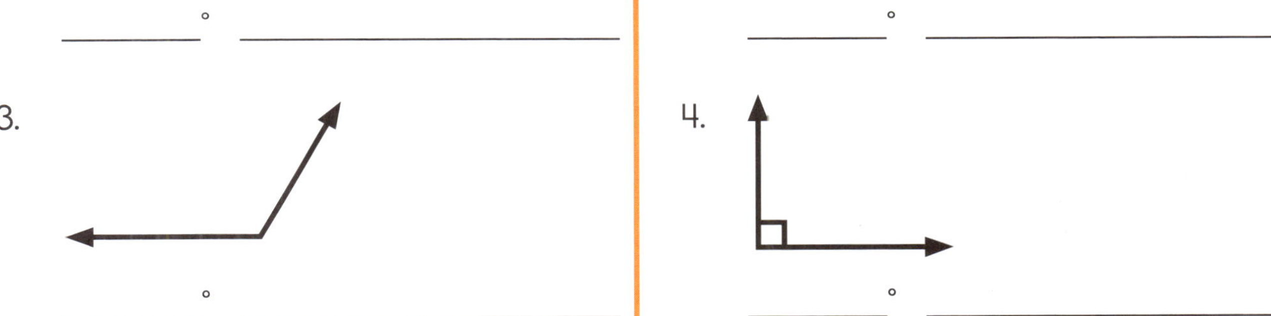

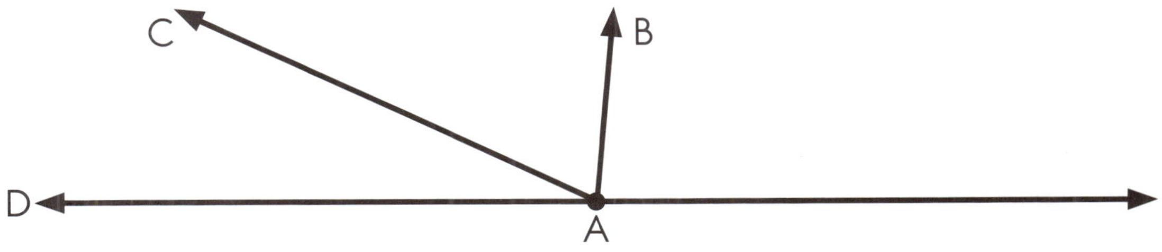

Ángulo BAC = _________°   Ángulo CAD = _________°

Suma las medidas de los ángulos BAC y CAD para encontrar la medida del ángulo BAD. Utiliza tus respuestas anteriores para completar la ecuación:

_________° + _________° = _________°

DÍA 13

Lee las instrucciones de la caja de avena. A continuación, responde las preguntas.

Instant Oatmeal

1. Empty the package into a microwave-safe bowl.
2. Add $\frac{2}{3}$ cup (156 mL) water and stir.
3. Microwave on high for 1 to 2 minutes; stir.
4. Pour some milk on top if desired.
5. Let cool; eat with a spoon.

6. What do the directions tell you how to make?

   A. oatmeal   B. instant oatmeal   C. cold cereal

7. What is the first step? ____

8. What materials do you need? ___________________________________

   ____

9. How long should it take to make this?

   A. a few seconds   B. a few minutes   C. 30 minutes

Compara cada conjunto de números. Escribe < (menor que) o > (mayor que) en cada línea.

10. 126 _______ 261   11. 999 _______ 899   12. 126 _______ 226

13. 342 _______ 231   14. 524 _______ 624   15. 524 _______ 624

16. 619 _______ 719   17. 267 _______ 367   18. 580 _______ 579

19. 1,638 _______ 738   20. 4,206 _______ 5,206   21. 3,487 _______ 3,748

DATO: El Salto Ángel, en Venezuela, es la cascada más alta de la Tierra, con 3 212 pies (979 metros) de altura.

DÍA 14

Visualiza los datos en el *gráfico de líneas* (line plot).

Planta	A	B	C	D	E	F	G	H	I	J
Crecimiento en pulgadas	$\frac{1}{4}$	$\frac{3}{4}$	$\frac{1}{4}$	$\frac{2}{4}$	$\frac{1}{4}$	$\frac{1}{4}$	$\frac{3}{4}$	$\frac{4}{4}$	$\frac{4}{4}$	$\frac{1}{4}$

Para las plantas que crecieron $\frac{1}{4}$ de pulgada, ¿cuál fue el número total de pulgadas que crecieron? ____

Escribe una *frase preposicional* (prepositional phrase) para completar cada oración. Comienza cada frase con una preposición del cuadro.

across	by	inside	over	under
beside	behind	on	to	up

EJEMPLO: Lex received a letter in the mail ___**from his Grandma**___ .

1. Maggie found her brother hiding ____ .

2. It was hot outside, so we decided to have the picnic _______________________________ .

3. Liza walked ___________________________ and picked a juicy tomato for lunch.

4. Donita's legs were tired from the long hike _____________________________________ .

5. I left your books ____ .

6. Mr. Juarez put the plant ___________________________ , where it would get lots of light.

7. Tomas sat ____ in the cafeteria.

8. The cardinal flew ___________________________ and landed on a branch.

DÍA 14

Estudia el *índice* (table of contents). A continuación, responde las preguntas.

9. On what page should you start reading to learn about writing a story?

   ____

10. On what page should you start reading to learn about commas?

    ____

11. On what page should you start reading to learn how to describe what something looks like?

    ____

Table of Contents

Sombrea los modelos para representar cada fracción. Si las fracciones son iguales, escribe = en la línea. Si no son iguales, escribe ≠.

12. 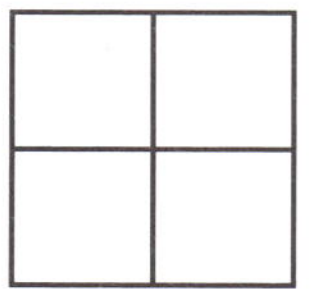 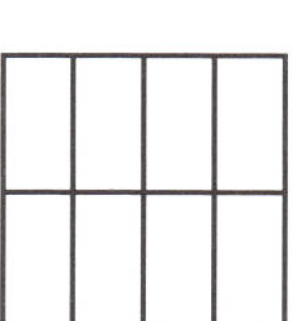

$\frac{1}{4}$ _______ $\frac{4}{8}$

13. 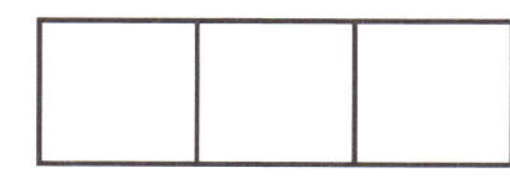 

$\frac{2}{3}$ _______ $\frac{8}{12}$

14.  

$\frac{5}{8}$ _______ $\frac{1}{2}$

15.  

$\frac{1}{3}$ _______ $\frac{3}{9}$

Resuelve cada problema. Muestra tu trabajo.

1. Mai recorrió 2 millas en bicicleta. 1 milla tiene 5 280 pies. ¿Cuántos pies recorrió Mai en su bicicleta?

_______ pies.

2. Fueron cargadas 78 cajas en un camión. Cada caja pesaba 9 libras. ¿Cuántas libras fueron cargadas en el camión?

_______ libras.

3. En una piscina caben 4 800 galones de agua. ¿Cuántas horas se necesitan para llenar la piscina si se añaden 120 galones de agua cada hora?

_______ horas.

4. Una torre de transmisión tendrá 2 542 pies de altura cuando esté terminada. Hasta ahora, los constructores han construido 1 268 pies de la torre. ¿Cuántos pies más tienen que construir los constructores?

_______ pies.

Escribe un final para la historia.

The three friends had not seen Logan for a long time. They were standing in the main room of the natural history museum. "He was here a litte while ago," said Kim. The museum was closing. Most of the other visitors had already left.

"Logan likes the dinosaur exhibit and the astronomy room," said Craig. "Maybe we should go look there."

Just then, a museum guard said, "Sorry, but the museum is closing. You'll have to come back tomorrow."

____

____

____

____

DÍA 15

Encierra en un círculo la ecuación que podrías utilizar para resolver cada problema de palabras.

5. Un edificio de 65 pisos tiene 780 pies de altura. ¿Qué altura tiene un edificio de 42 pisos?

   A. $(65 - 42) \times 780 = ?$ B. $(780 \div 65) \times 42 = ?$
   C. $(65 \times 42) \div 780 = ?$ D. $(780 \div ?) + 42 = 65$

6. El señor Han recibió 9 cajas de lápices nuevos. Cada caja contenía 12 lápices. Si el señor Han tenía un total de 86 alumnos, y le dio 1 lápiz a cada uno, ¿cuántos lápices le quedaron?

   A. $(86 \div 9) - ? = 12$ B. $(? + 12) \times 9 = 86$
   C. $(12 \times 9) - 86 = ?$ D. $(86 \div 12) \times 9 = ?$

7. El Teatro McCrary tiene capacidad para 950 personas. Hay 400 asientos en la sección B y 350 asientos en la sección C. Los mejores asientos están en la sección A. Si se venden todas las entradas para los asientos de la sección A, el teatro recauda 3 600 dólares. ¿Cuánto cuesta cada entrada a la sección A?

   A. $3{,}600 \div [950 - (400 + 350)] = ?$ B. $(400 + 350) \times 950 \div 3{,}600 = ?$
   C. $(3{,}600 \div 950) \times (400 + 350) = ?$ D. $3{,}600 \div (950 + 400 + 350) = ?$

Un *símil* (simile) compara dos cosas distintas utilizando las palabras *like* o *as*. Completa cada oración haciendo una comparación.

EJEMPLO: The daffodils were as yellow as ______lemons______ .

8. The piano keys were as white as ____.

9. The fireworks were as bright as the ____.

10. His eyes were as green as the ____.

11. The balloons were like a bunch of ____.

12. Her eyes sparkled like ____.

13. The wind was as gentle as ____.

Dibuja tres líneas debajo de cada letra que deba ir en mayúscula.

Jane Goodall

jane goodall was born in 1934 in hampstead, london. She was given a chimpanzee toy named jubilee when she was young. Jane goodall visited the gombe stream national park in Tanzania to study chimpanzees. She later got a degree from the University of cambridge. jane goodall gave the chimpanzees she studied names like fifi and david Greybeard. She has won many awards, including the united nations messenger of peace prize.

La *idea principal* (main idea) de una historia nos dice de qué tratará. Subraya la oración de cada historia que exprese la idea principal.

1. Penny's dog Coco likes to eat special snacks. Coco eats carrots. She also likes cheese. Her favorite snack is peanut butter dog biscuits. Penny makes sure that Coco does not eat too many snacks. They also go for a walk every afternoon.

2. Oliver Owl is teaching Owen Owl to fly. Oliver tells Owen to perch on the highest branch of the tallest tree. "Then, jump and flap your wings as hard as you can," he says. Owen is nervous, but he trusts Oliver. He jumps from the branch and flaps his wings. Oliver cheers as Owen starts to fly! Later, Owen says that Oliver is good at teaching little owls how to fly.

PRUEBA DE CARÁCTER: ¿Por qué es importante ser alguien en quien la gente pueda confiar? Escribe tu respuesta en una hoja aparte.

DÍA 16

Decisiones difíciles

La *autodisciplina* (self-discipline) significa obligarse a hacer lo que sabes que debes hacer. Mostrar autodisciplina puede ser difícil. Sin embargo, es algo que se vuelve más fácil con la práctica.

Lee la siguiente situación. En una hoja aparte, escribe la posible consecuencia de no usar la autodisciplina. Luego, escribe la recompensa por mostrar autodisciplina.

Has estado aprendiendo a tocar la guitarra y te has vuelto bastante bueno. Durante el año escolar, has practicado al menos 20 minutos cada día. Tus clases comienzan de nuevo en agosto. A veces, durante el verano surgen otras actividades, como la práctica de natación y otras actividades divertidas al aire libre. Tocar la guitarra todos los días puede parecer una tarea pesada cuando hay otras cosas agradables que hacer.

¿Qué es lo más divertido que te han contado tus abuelos u otros familiares sobre otro miembro de la familia? Cuenta esa historia de nuevo. Puedes escribir en inglés o en español.

____

____

____

____

____

DATO: Las crías de ballena azul pueden engordar hasta nueve libras (4.1 kg) por hora, o más de 200 libras (90.7 kg) por día.

Escribe *cm, m* o *km* para completar cada oración.

1 metro (m) = 100 centímetros (cm)	1 kilómetro (km) = 1 000 metros (m)

1. Reid mide 150 __________ .

2. La habitación de Paige tiene 5 ________ de ancho.

3. La mano de Whitney mide 14 ________ de largo y 5 ____________ de ancho.

4. El señor Suárez condujo su auto 8L ________ durante la primera hora.

5. La distancia desde Chicago, Illinois, hasta Denver, Colorado, es de 1 466 ______ .

6. La cocina de Myla tiene aproximadamente 7 _________ de ancho.

7. El mástil de la oficina de correos tiene 46 ____________ de altura.

8. Lin y Tara caminaron aproximadamente 3 _________ en 30 minutos.

Compara las fracciones. Utiliza los símbolos mayor que (>), menor que (<) o igual a (=). Pista: Es más fácil comparar fracciones cuando sus denominadores son iguales.

EJEMPLO: $\dfrac{6}{8} \, \boxed{>} \, \dfrac{2}{4}$ (Piensa: $\dfrac{2}{4}$ es igual a $\dfrac{4}{8}$. Puedo multiplicar el numerador y el denominador por 2 para cambiar $\dfrac{2}{4}$ a $\dfrac{4}{8}$.)

9. $\dfrac{3}{L} \bigcirc \dfrac{9}{12}$

10. $\dfrac{5}{8} \bigcirc \dfrac{1}{4}$

11. $\dfrac{2}{10} \bigcirc \dfrac{1}{2}$

12. $\dfrac{6}{9} \bigcirc \dfrac{1}{3}$

13. $\dfrac{7}{8} \bigcirc \dfrac{5}{8}$

14. $\dfrac{1}{2} \bigcirc \dfrac{7}{10}$

15. $\dfrac{4}{12} \bigcirc \dfrac{3}{4}$

16. $\dfrac{3}{6} \bigcirc \dfrac{2}{3}$

17. $\dfrac{7}{8} \bigcirc \dfrac{3}{4}$

18. $\dfrac{1}{6} \bigcirc \dfrac{1}{12}$

19. $\dfrac{3}{9} \bigcirc \dfrac{1}{3}$

20. $\dfrac{2}{5} \bigcirc \dfrac{5}{10}$

DÍA 17

Escribe una ecuación para resolver cada problema de palabras.

21. Sondra leyó 4 libros. Lucas leyó 5 veces más libros. ¿Cuántos libros leyó Lucas?

22. La empresa A vendió 108 camisetas en el concierto. Esta cantidad fue 3 veces superior a la que vendió la empresa B. ¿Cuántas camisetas vendió la empresa B?

23. Si un árbol crece 18 pulgadas cada año, ¿cuántos años tardará el árbol en crecer 162 pulgadas?

24. Durante la mayor parte del año, una floristería vende 7 docenas de rosas a la semana. Durante la semana de San Valentín, vende 133 docenas de rosas. ¿Cuántas veces más es esta cantidad que la venta semanal habitual?

Lee la historia. A continuación, responde las preguntas.

The children were playing baseball in the empty lot. Brooke was at bat. She swung hard and hit the ball farther than anyone else that day. The ball sailed across the lot and smashed through Ms. Havel's window. Brooke knew that Ms. Havel would be upset. The other children scattered and ran for home. Brooke looked at the broken window. Then, she started walking toward the house.

25. What do you think Brooke will do? _______________________________________

____

26. Which clues helped you decide? _______________________________________

____

ACONDICIONAMIENTO FÍSICO: Haz 10 abdominales.

* Ve la página ii.

Resuelve cada ecuación. Sombrea los modelos para ayudarte.

1.

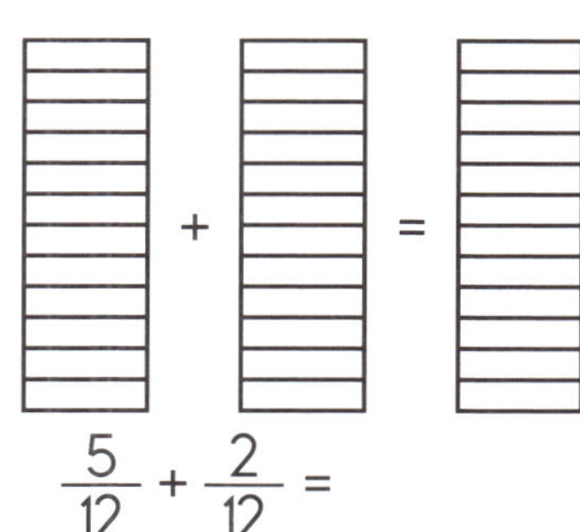

$$\frac{5}{12} + \frac{2}{12} = \underline{\quad\quad}$$

2.

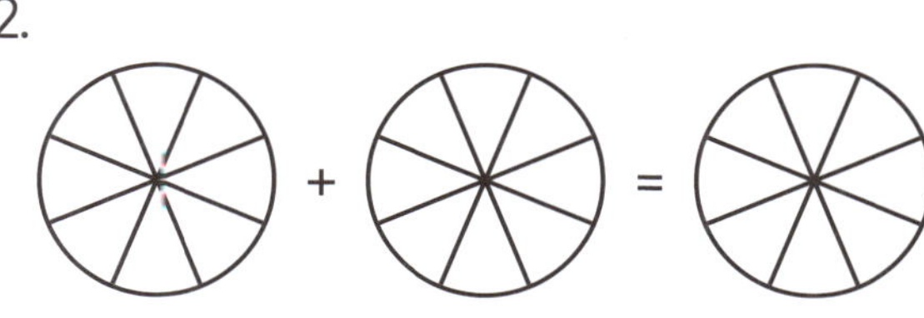

$$\frac{3}{8} + \frac{4}{8} = \underline{\quad\quad}$$

3.

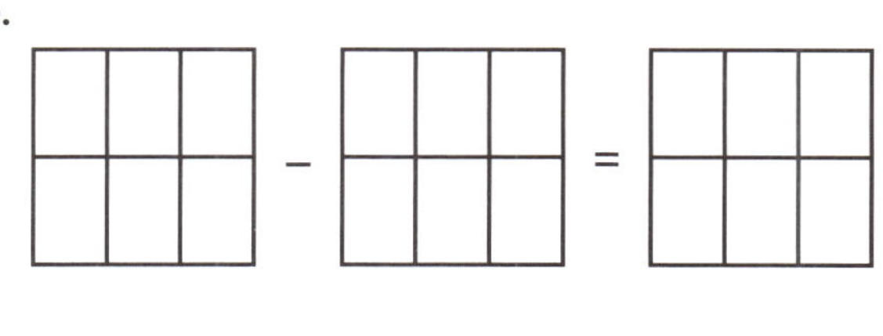

$$\frac{3}{6} - \frac{1}{6} = \underline{\quad\quad}$$

4.

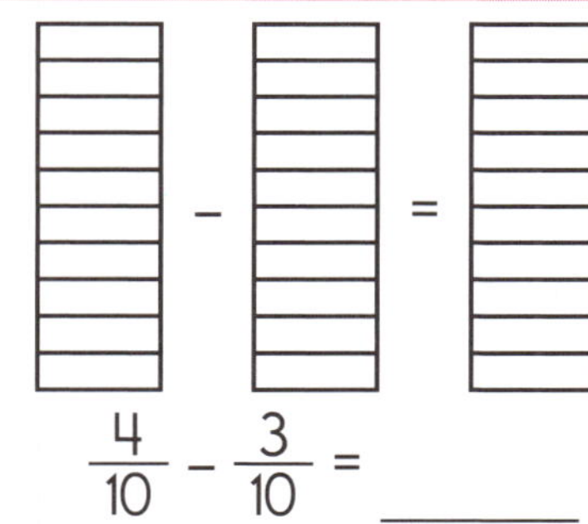

$$\frac{4}{10} - \frac{3}{10} = \underline{\quad\quad}$$

Un *pronombre relativo* (relative pronoun) se utiliza para comenzar una oración que describe un sustantivo. Algunos pronombres relativos son *that*, *which* y *who*. Encierra en un círculo un pronombre relativo en cada una de las siguientes oraciones. Luego, escribe dos oraciones que utilicen pronombres relativos.

5. The twins who live next door are nine years old.

6. My aunt, who lives in California, has invited me to visit during spring break.

7. The DVD that I borrowed from my cousin won't play.

8. Your e-mail, which I received yesterday, was really thoughtful.

9. The hat that you are wearing looks just like the one Dad lost.

10. The birds that nested in the fern have finally laid eggs.

11. ____

12. ____

DÍA 18

Lee cada par de palabras. Si son sinónimas, escribe *S* en la línea. Si son antónimas, escribe *A*.

13. _______ ancient modern

14. _______ assist help

15. _______ increase decrease

16. _______ enlarge magnify

17. _______ accept refuse

18. _______ bitter sweet

19. _______ imitate copy

20. _______ combine separate

21. _______ lucky fortunate

22. _______ frequent seldom

23. _______ patient impatient

24. _______ genuine real

Elige la palabra correcta del banco de palabras y escríbela en cada línea para completar el pasaje.

| plant | heat | sunlight | Earth | oxygen | plants |

Sunlight is very important to our planet, _______________________________________.

Most of our food comes from _______________________________________life.

_______________________________ also give off the ___________________ we breathe. Without

_______________________________________, plants would die, and we would not have

food or air. The _______________________________________ of the sun also warms Earth.

Without it, we would freeze.

> **DATO:** Los pioneros de Estados Unidos tardaban entre cuatro y seis meses en recorrer las 2 000 millas (3 200 kilómetros) que tenía la Ruta de Oregón.

Resuelve cada problema.

1. $2\overline{)224}$

2. $\begin{array}{r} 16 \\ \times\ 7 \\ \hline \end{array}$

3. $3\overline{)63}$

4. $3\overline{)156}$

5. $\begin{array}{r} 46 \\ -28 \\ \hline \end{array}$

6. $\begin{array}{r} 38 \\ +17 \\ \hline \end{array}$

7. $\begin{array}{r} 83 \\ -47 \\ \hline \end{array}$

8. $\begin{array}{r} 57 \\ +34 \\ \hline \end{array}$

9. $\begin{array}{r} 18 \\ \times\ 4 \\ \hline \end{array}$

10. $\begin{array}{r} 24 \\ \times\ 7 \\ \hline \end{array}$

11. $2\overline{)256}$

12. $7\overline{)770}$

13. $\begin{array}{r} 804 \\ -238 \\ \hline \end{array}$

14. $\begin{array}{r} 132 \\ -\ 78 \\ \hline \end{array}$

15. $\begin{array}{r} 176 \\ +394 \\ \hline \end{array}$

Las *homófonas* (homophones) son palabras que suenan igual pero tienen distinto significado y se escriben de forma diferente. Elige del paréntesis la palabra homófona que complete correctamentente cada oración.

16. I have _______________________more days of school. (to, two)

17. Have you_____________________ this book before? (read, red)

18. That lion has large_____________________ . (paws, pause)

19. I like that song ___________________________________. (two, too)

20. The boys had ___________________ much work to do before dark. (too, to)

21. ___________________ is my favorite color. (Red, Read)

22. We are going_____________________Lake Louise this summer. (to, two)

DÍA 19

Suma para hallar cada adición. Escribe cada respuesta en su forma más sencilla.

23. $\dfrac{1}{3} + \dfrac{2}{3} =$

24. $\dfrac{4}{6} + \dfrac{5}{6} =$

25. $\dfrac{1}{6} + \dfrac{1}{6} =$

26. $\dfrac{3}{6} + \dfrac{1}{6} =$

27. $\dfrac{2}{4} + \dfrac{2}{4} =$

28. $\dfrac{1}{2} + \dfrac{1}{2} =$

29. $\dfrac{5}{8} + \dfrac{3}{8} =$

30. $\dfrac{5}{5} + \dfrac{2}{5} =$

31. $\dfrac{2}{10} + \dfrac{4}{10} =$

Acomoda cada palabra del banco de palabras debajo del encabezado correcto.

| buttermilk | snowstorm | replanted | peaceful | daylight |
| airplane | selection | sleepless | football | unpacked |

Palabras compuestas	**Palabras con prefijos o sufijos**
______________________	______________________
______________________	______________________
______________________	______________________
______________________	______________________
______________________	______________________

ACONDICIONAMIENTO FÍSICO:
Haz 10 sentadillas.

* Ve la página ii.

Lee el pasaje. A continuación, responde las preguntas.

Flash Floods

Rain is good for people and plants. When it rains too much, though, people could be in danger. A flash flood occurs when a lot of rain falls quickly, filling the streets faster than the water can drain. Driving is very dangerous in a flash flood. A person's car could be swept away. If you live in an area where flash flooding is likely, you should listen to radio or TV news reports when it starts to rain. Be ready to leave your home with your family if a newscaster says to move to higher ground. If you leave on foot, do not walk through moving water. Your parents should not drive through standing water unless it is less than 6 inches (15.24 cm) deep. After a flood, listen to news reports. A newscaster will tell you when you can return home safely and when the water from your tap will be safe to drink.

1. What is the main idea of this passage?
   A. Flash floods can be dangerous and occur suddenly.
   B. Never drive through a flooded area.
   C. Take important items with you when you leave your home.

2. What happens during a flash flood? _______________________________________

   ____

3. What could happen to a car in a flash flood?_______________________________

   ____

4. What should you do when it starts to rain? _______________________________

   ____

5. How does the author support the idea that flash floods are dangerous to

   people? ____

6. What should you do after a flood? _______________________________________

   ____

DÍA 20

Resuelve cada ecuación. Sombrea los modelos para ayudarte.

7.

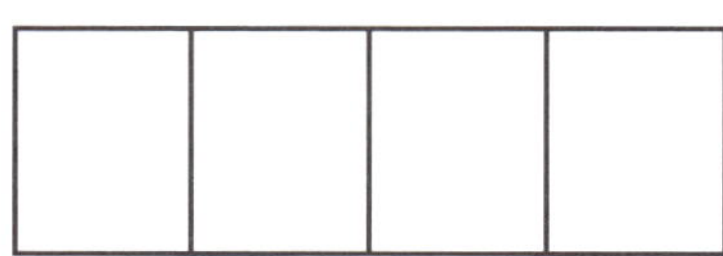

$$3 \times \frac{1}{4} = \underline{\hspace{2cm}}$$

8.

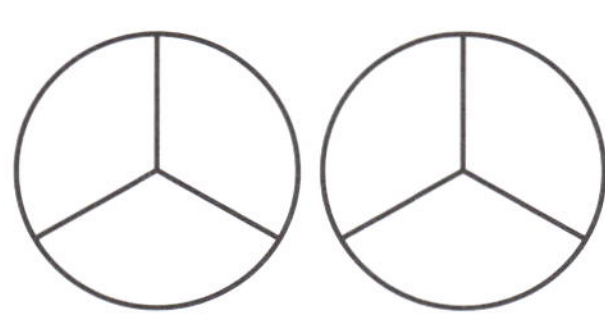

$$5 \times \frac{1}{3} = \underline{\hspace{2cm}}$$

9.

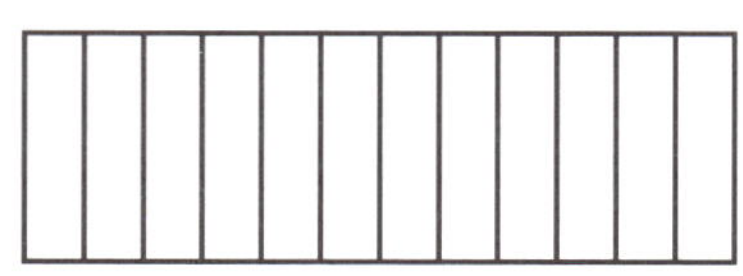

$$4 \times \frac{3}{12} = \underline{\hspace{2cm}}$$

10.

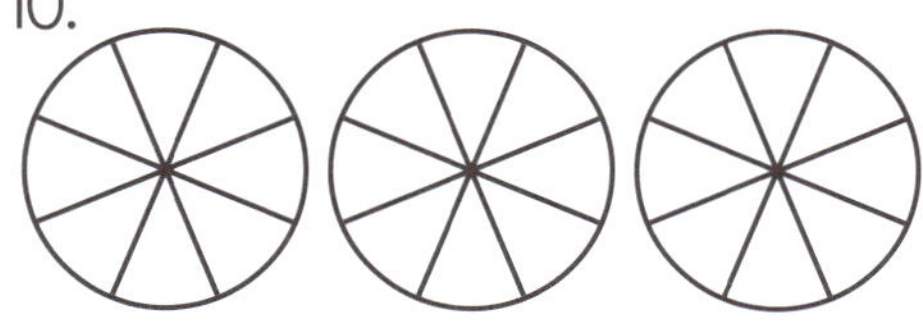

$$6 \times \frac{5}{8} = \underline{\hspace{2cm}}$$

Encierra en un círculo cada palabra escrita correctamente. Luego, escríbela en el espacio en blanco para completar cada oración.

11. Astronauts are _____________________________while they are in space.

waitless   weightless   waghtless   wateless

12. The _____________________ children helped their mother rake leaves.

thotful   toughtful   thoughtful   thowghtful

13. You need to remember to keep your doctor's _____________________ .

apointment   apowntment   appointment   appointtment

PRUEBA DE CARÁCTER: ¿Qué es la regla de oro? En una hoja aparte, explica la regla con tus propias palabras.

COLOCA UNA ESTRELLA AQUÍ.

¡Rebota!

¿Cuánta altura pierde una pelota en cada rebote?

La *energía* (energy) es la capacidad de realizar un trabajo. La *energía potencial* (potential energy) es la energía que tiene un objeto debido a su posición. La energía de un objeto en movimiento se llama *energía cinética* (kinetic energy). Si sostienes una pelota de tenis sobre el suelo, esta tiene energía potencial debido a su posición. Cuando sueltas la pelota, la gravedad hala de ella hacia abajo. La energía potencial de la pelota se convierte en energía cinética.

Materiales:

- cinta métrica
- pelota de tenis

Procedimiento:

Sostén verticalmente la vara de medir con un extremo contra el suelo. Sujeta la pelota de tenis de forma que la parte inferior esté en la marca cero.

Deja caer la pelota desde 1 metro de altura. Observa atentamente para determinar la altura del primer, segundo y tercer rebote. Redondea la respuesta al centímetro más cercano y anota la información en la siguiente tabla.

Debido a la velocidad a la que rebota la pelota, puedes pedir a otra persona que te ayude a medir la altura de los rebotes de la pelota.

Rebote	Altura del rebote
1	
2	
3	

¿De qué se trata esto?

La forma de la pelota de tenis cambia ligeramente cuando golpea el suelo. Una parte de la energía se pierde en forma de calor (debido a la fricción de la resistencia del aire) y cuando la pelota cambia de forma. Debido a la pérdida de energía, la pelota no rebotará a la misma altura desde la que se dejó caer. Una vez que la pelota toca el suelo, vuelve a su forma original. La energía se convierte en movimiento ascendente cuando la pelota rebota en el aire.

Piensa:

¿En qué se diferencian la energía potencial y la cinética?

EXTRA

Separar la sal y la pimienta

¿Cómo se puede separar una mezcla de sal y pimienta?

Algunas mezclas son *homogéneas* (homogeneous). Esto significa que se combinan de manera uniforme. Por ejemplo, cuando mezclas azúcar y agua, obtienes agua azucarada. El azúcar se reparte uniformemente por el agua.

Si mezclas arena y agua, obtienes una mezcla *heterogénea* (heterogeneous). La arena se hunde en el fondo y no permanece mezclada con el agua.

En este experimento, determina si la sal y la pimienta son una mezcla homogénea o heterogénea.

Materiales:

- balanza o báscula de cocina
- pimienta
- bandeja
- globo
- sal
- tu pelo (limpio y seco)

Procedimiento:

Utiliza la balanza o báscula para pesar varias cucharaditas de sal y pimienta. A continuación, mezcla la sal y la pimienta en la bandeja. Agita suavemente la bandeja para que la mezcla forme una sola capa. Luego, infla el globo.

Mantén tu mano en el mismo lugar del globo y frota el otro costado del globo de un lado a otro unas 20 veces sobre tu pelo limpio y seco. A continuación, mantén el globo a 1 pulgada (2.5 cm) por encima de la mezcla de sal y pimienta. La pimienta será atraída por el globo. La mayor parte de la sal permanecerá donde está.

Vierte el resto de la mezcla en la balanza o báscula. Vuelve a medir la mezcla para averiguar su masa. Anota los datos en la tabla.

Prueba	Cantidad de sal colocada en la mezcla	Cantidad de sal que queda en la mezcla
1		
2		
3		

¿La mezcla de sal y pimienta es homogénea o heterogénea? ____________________

* Ve la página ii.

Líneas de latitud

Las *líneas de latitud* (lines of latitude) son líneas imaginarias que van de este a oeste en un mapa. Están marcadas en grados (°) y ayudan a la gente a localizar lugares en todo el mundo. El *ecuador* (equator) es la línea situada a 0° de latitud. Las líneas de latitud del siguiente mapa se miden en segmentos de 20° desde el ecuador. Los lugares al norte del ecuador tienen la letra *N* después de sus grados. Los lugares al sur del ecuador tienen la letra *S* después de sus grados.

Estudia el mapa. A continuación, responde las preguntas.

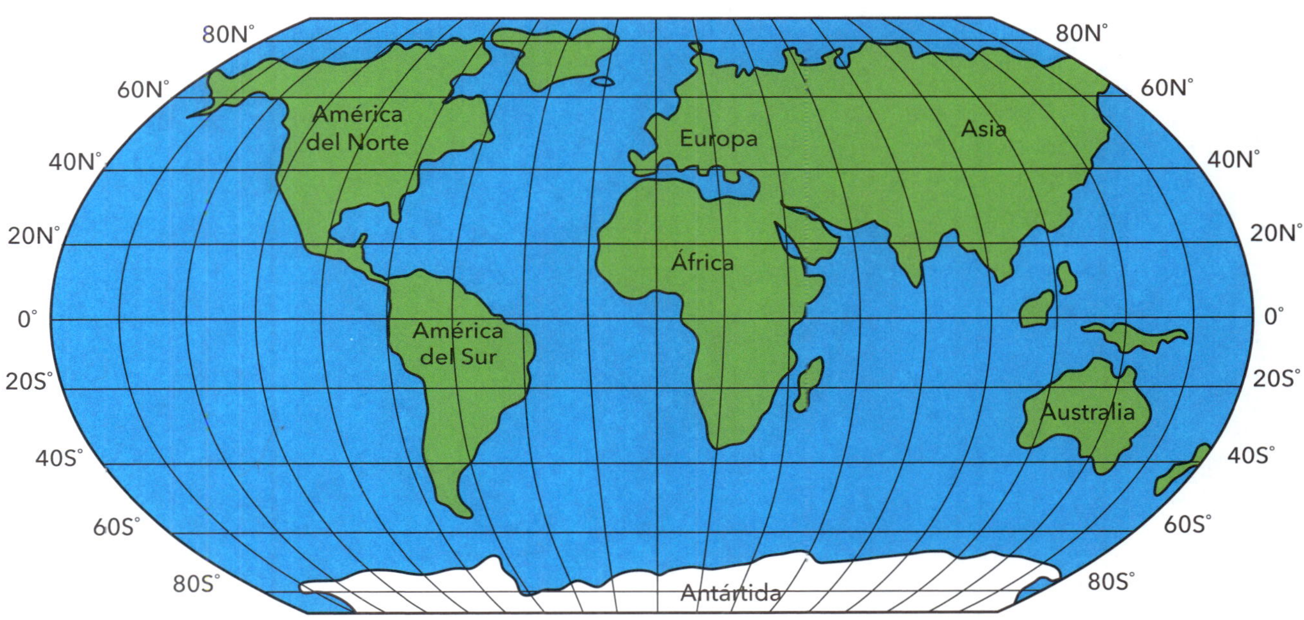

1. El ecuador está a __________ ° de latitud.

2. Para los lugares de América del Norte, la latitud debe ir seguida de la letra _______ .

3. La latitud para el extremo sur de América del Sur iría seguida por la letra

   ___________ .

4. Utiliza un crayón o marcador rojo para trazar el ecuador.

EXTRA

Latitud y longitud

Utiliza el mapa para encontrar las ciudades situadas en cada latitud y longitud. A continuación, escribe el nombre de cada ciudad.

	Latitud	Longitud	Ciudad
1.	51°N	114°W	______________
2.	39°N	105°W	______________
3.	42°N	71°W	______________
4.	32°N	79°W	______________
5.	45°N	73°W	______________
6.	40°N	111°W	______________
7.	37°N	122°W	______________

Escudo de armas

Un *escudo de armas* (coat of arms) es un diseño que pertenece a una persona o familia en particular. Los colores, símbolos y fondos utilizados en un escudo de armas tienen un significado especial y dicen algo sobre el propietario del escudo. Por ejemplo, el color azul puede representar la verdad y la lealtad, mientras que un león puede representar el valor.

Crea un escudo de armas. Piensa en algunas cualidades que tengas y de las que te sientas orgulloso. Piensa en las formas en que podrías representar esas cualidades en tu escudo de armas. Busca en Internet con un adulto si necesitas más información. A continuación, dibuja tu escudo en el recuadro.

EXTRA

¡Vamos afuera!

A lo largo del día lleva cuatro veces una cinta métrica al aire libre. Cada que salgas, haz que un adulto mida la longitud de tu sombra y anota las medidas. A continuación, busquen información en una computadora sobre la rotación de la Tierra alrededor del Sol. Esto te ayudará a explicar por qué la longitud de tu sombra cambia a lo largo del día.

Saca un tesauro, un cuaderno y un lápiz en compañía de un adulto y ve con él al aire libre. Busca un lugar seguro y cómodo para sentarte y escribe las cosas que veas, como un ave, una abeja o un avión volando. A continuación, busca algunas de las palabras que hayas escrito varias veces, como volar (*flying*). Utiliza un el tesauro para encontrar sinónimos que describan mejor la situación, como elevarse (*soar*), planear (*glide*) o revolotear (*hover*). Utiliza estas nuevas palabras siempre que puedas.

¿Cómo puedes averiguar la altura de un árbol sin una larga cinta métrica y una escalera alta? Puedes utilizar las medidas de la sombra de un árbol y la sombra de una regla de 12 pulgadas para encontrar la altura de un árbol. Primero, sal al exterior con un adulto y mide la longitud de la sombra de un árbol con una cinta métrica, una vara de medir o un metro. A continuación, coloca la regla en su extremo a un ángulo de 90° del suelo. Utiliza la cinta métrica, una vara de medir o un metro para averiguar la longitud de la sombra de la regla. Anota la longitud de cada sombra y convierte las medidas a la misma unidad, por ejemplo, a pulgadas. Para encontrar la altura del árbol, divide la longitud de la sombra del árbol por la longitud de la sombra de la regla. A continuación, multiplica la respuesta por la longitud de la regla.

Por ejemplo, si la respuesta es 10, significa que la sombra del árbol es 10 veces más larga que la regla, lo que hace que el árbol mida unos 3 metros.

* Ve la página ii.

Objetivos mensuales

Piensa en tres objetivos que quieras cumplir este mes. Por ejemplo, tal vez quieras hacer ejercicio por 20 minutos cada día. Escribe tus objetivos en las líneas y repásalos con un adulto.

Coloca una estrella junto a cada objetivo que cumplas. ¡Siéntete orgulloso de haber cumplido tus objetivos!

1. ____ COLOCA UNA ESTRELLA AQUÍ.

2. ____ COLOCA UNA ESTRELLA AQUÍ.

3. ____ COLOCA UNA ESTRELLA AQUÍ.

Lista de palabras

En esta sección se utilizan las siguientes palabras. Es bueno que las conozcas. Lee cada palabra. Utiliza un diccionario para buscar las palabras que no conozcas. A continuación, escribe dos oraciones en inglés. Utiliza una palabra de la lista en cada oración.

central (central)	*rely* (confiar)
discuss (discutir)	*rural* (rural)
interviewing (entrevistando)	*statue* (estatua)
murmuring (murmurando)	*urban* (urbano)
organized (organizado)	*vapor* (vapor)

1. ____

____

2. ____

____

Introducción a la resistencia

Esta sección incluye actividades de acondicionamiento físico y de desarrollo del carácter centrados en la resistencia. Estas actividades están diseñadas para mantenerte en movimiento y para hacerte pensar en el desarrollo de tu resistencia física y mental. Si tienes una movilidad limitada, no dudes en modificar los ejercicios sugeridos para adaptarlos a tus capacidades individuales.

Resistencia física

¿Qué tienen en común jugar a las atrapadas, saltar la cuerda y andar en bicicleta? ¡Que son excelentes formas de desarrollar resistencia física!

Tener resistencia significa realizar una actividad durante un periodo de tiempo antes de que tu cuerpo se canse. Tu corazón es más fuerte cuando tienes resistencia y tus músculos reciben más oxígeno.

Aprovecha las mañanas cálidas y los días soleados para salir al exterior. Elige actividades que te gusten. Invita a un miembro de tu familia a dar un paseo a pie o en bicicleta. Juega un partido de baloncesto con tus amigos. Deja las actividades menos intensas para cuando esté oscuro, haga demasiado calor o llueva.

Establece un objetivo de resistencia para este verano. Por ejemplo, podrías saltar la cuerda todos los días hasta que puedas saltarla por dos minutos sin parar. Establece nuevos objetivos cuando cumplas los anteriores. ¡Enorgullécete de tus éxitos en materia de resistencia!

Resistencia y desarrollo del carácter

Demostrar resistencia mental significa perseverar. Puedes mostrar resistencia mental todos los días. Continuar con una tarea cuando sientes ganas de abandonarla y trabajar hasta que está terminada es una forma de demostrar resistencia mental.

Desarrolla tu resistencia mental este verano. Piensa en un momento en el que te hayas sentido frustrado o aburrido. Tal vez querías tomar clases de natación, pero después de unas cuantas lecciones no fue tan divertido como imaginabas. Piensa en algunos puntos clave, como lo mucho que pediste tomar lecciones durante toda la primavera. Sé positivo. Recuérdate a ti mismo que solo has tomado unas pocas lecciones. Puede que te acostumbres a las lecciones de madrugada. Piensa en formas de hacer que las clases sean más agradables, como por ejemplo, durmiendo unos minutos más en el auto por la mañana. Renunciar debería ser la última opción.

Desarrolla tu resistencia mental ahora. ¡Te ayudará a prepararte para los retos futuros!

Multiplica para encontrar cada producto.

1.	2.	3.	4.	5.
26 ×12	49 ×33	87 ×28	51 ×42	94 ×78

6.	7.	8.	9.	10.
81 ×32	23 ×18	55 ×37	62 ×29	75 ×46

Lee el párrafo. A continuación, responde las preguntas.

Sandra's mother offered to help her get ready for the new school year. Sandra grew a full inch taller over the summer. Her shoes were too tight, and her pants were almost above her ankles.

11. What do you think Sandra and her mother will do? _______________________

____

____

12. Which clues helped you decide? _______________________

____

____

* Ve la página ii.

© Carson Dellosa Education

DÍA 1

Completa la tabla.

	Precio total	Cantidad entregada al empleado	Cambio recibido
EJEMPLO:	$1.35	$1.50	$0.15
13.	$2.50	$5.00	
14.	$0.95	$1.00	
15.	$1.80	$2.00	
16.	$6.42	$10.00	
17.	$9.35	$20.00	
18.	$5.55	$6.00	
19.	$13.95	$20.00	
20.	$85.00	$100.00	

Subraya cada palabra que esté escrita con la ortografía correcta. Si no estás seguro, compruébalo en un diccionario en línea o impreso.

21.	decieve	deceive		27.	friend	freind
22.	accompany	acompany		28.	beutiful	beautiful
23.	exersise	exercise		29.	insted	instead
24.	sincerely	sincerley		30.	becuse	because
25.	particular	particuler		31.	guard	garde
26.	patiunt	patient		32.	although	althouh

DATO: No hay dos copos de nieve que sean exactamente iguales.

Lee el pasaje. A continuación, responde las preguntas.

Food Webs

A *food web* is a drawing that shows how different living things are connected. In a food web, the living things at the bottom are eaten by the animals directly above them. For example, a food web might start at the bottom with plants. Plants do not eat other living things. Above these plants might be small animals, such as mice, that eat plants. Larger animals, such as owls and snakes, eat mice. A food web can tell us what might happen if certain plants or animals disappear from an **ecosystem**, or the surroundings in which all of the plants and animals live. In the food web described above, if something happened to the plants, then the mice would not have as much food. This would affect the owls and snakes, who would also not have enough food. Soon, there would be fewer of each type of animal. This is why it is important to protect all living things in an ecosystem, not just the larger ones.

1. What is the main idea of this passage?
   A. Food webs show how all living things are connected.
   B. Owls and snakes are the most important animals.
   C. Only the animals at the top of the food web should be protected.

2. What is a food web? ____

   ____

3. What is an ecosystem?
   A. a food web for very large animals
   B. the surroundings where a group of plants and animals live
   C. a place where only plants grow

4. How does the author support the idea that it is important to protect all living

   things in an ecosystem?____

   ____

   ____

DÍA 2

Encuentra cada medida equivalente.

2 tazas = 1 pinta	4 cuartos de galón = 1 galón
2 pintas = 1 cuarto de galón	16 tazas = 1 galón

5. 5 cuartos de galón = __________ pintas.

6. 3 galones = __________ pintas.

7. 4 tazas = __________ pintas.

8. 2 pintas = __________ tazas.

9. __________ galones = 16 pintas.

10. 5 galones = __________ cuartos de galón.

11. __________ pintas = 2 cuartos de galón.

12. 3 cuartos de galón = __________ tazas.

Duplica la diversión (y las caídas)

Aumenta tu resistencia y ayuda a un amigo o familiar a ponerse en forma. Haz una carrera de obstáculos al aire libre con objetos blandos que puedas saltar, como montones de hojas. Marca un punto de giro para que puedas volver a dar tus saltos y repetir el recorrido. Utiliza dos pedazos de tela resistente, pero suave al tacto, para atarte a tu compañero por encima de los tobillos y las rodillas. Recuerda que deben trabajar juntos para completar este recorrido. La primera vez, haz el recorrido y comenta tu estrategia. Para la siguiente vuelta, cronometra tu participación. A continuación, fíjate un objetivo y repite el recorrido para intentar superar tu tiempo. Anímense a desafiarse unos a otros. Sigan hasta lograr su objetivo.

* Ve la página ii.

© Carson Dellosa Education

DÍA 3

¿Crees que las escuelas deberían programar dos recreos al día? ¿Por qué sí o por qué no? Respalda tu opinión con hechos y razones e incluye una conclusión.

____

____

____

____

____

Lee cada oración. Escribe *F* si es un *hecho* (fact). Escribe *O* si es una *opinión* (opinion).

EJEMPLO:

_____F_____ Abraham Lincoln was the 16th president of the United States.

1. _________ Spring is the best time of the year.

2. _________ Chocolate cake is the best dessert in the world.

3. _________ Daytime and nighttime depend on the position of the sun in the sky.

4. _________ Dogs are the best pets.

5. _________ Neil Armstrong walked on the moor in 1969.

6. _________ Lava rock was once hot liquid.

7. _________ Eating too much candy is bad for your teeth.

8. _________ Everyone should like chocolate ice cream.

9. _________ Reading is the best way to spend a rainy day.

DÍA 3

Lee el pasaje. A continuación, responde las preguntas.

Edward Murrow

Edward Murrow was an American journalist. He became famous during World War II. Murrow was born in 1908 in North Carolina. After college, he began working for a radio station. Many Americans listened to his live broadcasts during the bombing of London, England, in September 1939. Before Murrow's reports, people in the United States learned about the war through newsreels in movie theaters or articles in newspapers. Now, they could learn about the war in London as it was happening. After the war, Murrow worked as a reporter in radio, then in television. He became known for interviewing, or asking questions of, important people. Other newscasters followed in Murrow's footsteps. Today, we still rely on reporters in other countries for news and information. And, we still listen to reporters' conversations with famous people.

10. What is the main idea of this passage?
    - A. Edward Murrow was a brave American journalist.
    - B. Edward Murrow talked to many famous people.
    - C. Edward Murrow worked in London.

11. What type of company did Murrow work for after college?

    ____

12. How did people learn about the war before Murrow's reports?

    ____

13. Write a brief summary of the passage._______________________________

    ____

14. How did Murrow change the way journalists work? _______________

    ____

DATO: Los calamares gigantes tienen ojos más grandes que cualquier otra criatura de la Tierra.

Escribe los *pares de factores* (factor pairs) para cada número.

1. **12**

_______ × _______

_______ × _______

_______ × _______

2. **24**

_______ × _______

_______ × _______

_______ × _______

_______ × _______

3. **15**

_______ × _______

_______ × _______

4. **28**

_______ × _______

_______ × _______

_______ × _______

5. **36**

_______ × _______

_______ × _______

_______ × _______

_______ × _______

_______ × _______

6. **32**

_______ × _______

_______ × _______

_______ × _______

Completa cada oración escribiendo *más que* (more than), *menos que* (less than) o *igual a* (equal to).

2 tazas = 1 pinta	2 pintas = 1 cuarto de galón	4 cuartos de galón = 1 galón

7. 2 pintas son _______ 1 cuarto de galón.

8. 1 galón es _______________ 1 pinta.

9. 1 pinta es _________ 1 cuarto de galón.

10. 6 pintas son _______ 3 cuartos de galón.

11. 3 cuartos de galón son _______ 1 galón.

12. 2 pintas son _______________ 4 tazas.

13. 3 tazas son _______ 1 cuarto de galón.

14. 8 cuartos de galón son _______ 2 galones.

DÍA 4

A veces es necesario un *lenguaje formal* (formal language), y otras veces es apropiado un *lenguaje informal* (informal language). Lee cada par de oraciones. Escribe *I* junto a las oraciones con lenguaje informal y *F* junto a las de lenguaje formal.

15. ________ Earth is home to approximately 4,000 types of cockroaches.

________ This is totally unbelievable, but there are about 4,000 different kinds of cockroaches!

16. ________ See ya later!

________ I look forward to seeing you again soon.

17. ________ You've gotta see this ginormous, awesome pumpkin Peter grew in his garden.

________ You must see the large, impressive pumpkin Peter grew in his garden.

18. ________ It's been a pleasure to speak with you.

________ Nice talking to you.

Continúa con cada patrón de conteo.

19.	0	3	6	9	12	___	___	___	24	___
20.	6	12	18	24	___	___	___	48	___	___
21.	12	16	20	24	___	___	___	___	44	___
22.	33	30	27	24	___	___	___	___	9	___
23.	100	98	96	94	___	___	___	86	___

Lee la historia. A continuación, responde las preguntas.

Ivy's grandmother will celebrate her 70th birthday soon. Ivy wants to get her grandmother a special gift, but she spent her money on new books instead. Ivy loves reading about Mexico. Her grandmother came from Mexico, and she read to Ivy when Ivy was little. Lately, her grandmother's eyesight has been failing, so she can no longer see the words on the page.

1. What do you think Ivy will do?_______________________________________

____

2. Which clues helped you decide? _____________________________________

____

Las fracciones que tienen un *denominador* (denominator) de 10 también pueden escribirse como decimales. Escribe cada fracción y/o decimal.

EJEMPLO:

$\dfrac{6}{10}$ o 0.6

8. $\dfrac{3}{10}$ o _______

3. _____ o _____   9. $1\dfrac{7}{10}$ o _______

4. _____ o _____   10. $3\dfrac{5}{10}$ o _______

5. _____ o _____   11. 1.9 o _______

6. _____ o _____   12. 0.8 o _______

7. _____ o _____   13. 3.4 o _______

DÍA 5

Lee cada conjunto de *adjetivos* (adjectives) entre paréntesis ( ). Decide en qué orden deben ir para describir el objeto. Vuelve a escribir las palabras en ese orden, como se muestra en el ejemplo.

EJEMPLO: hat (black large fuzzy) _______________ **large fuzzy black hat** ________

14. bottles (empty six water) _______________________________________

15. box (cardboard musty brown) _____________________________________

16. teacup (pink small) ____

17. sweater (gray wool cozy) ____

18. trucks (three yellow plastic large) _________________________________

19. salad (Greek fresh small) ____

20. snake (brown poisonous) ____

¡Atrapado y en forma!

¡Ponte en forma con esta versión de las atrapadas! Invita a varios amigos o familiares a jugar. Empieza eligiendo a alguien que sea «eso». Esta persona debe perseguir y atrapar hasta que todos los jugadores estén «congelados». Ellos harán un ejercicio continuo, como saltos de tijera o correr en un mismo lugar. Los jugadores que estén libres pueden descongelar a sus compañeros dándoles un toque en los hombros. La última persona congelada se convierte en «eso». Continúa jugando hasta que todos hayan hecho un buen ejercicio de resistencia.

PRUEBA DE CARÁCTER: «Cuando llegues al final de tu cuerda, hazle un nudo y resiste ahí». Franklin D. Roosevelt

* Ve la página ii.

Lee la historia. A continuación, escribe el significado de cada palabra.

Gabe lives in a large city with his grandparents. The building that he and his grandparents live in is very tall and has different sets of rooms for each family that lives there. This building is called an apartment building. In this community, all of the buildings are close together. People do not have to go far to get things they need in this urban area. Gabe's cousin, Jasper, lives in a rural, or country, community. He plays in his large backyard instead of in a park like Gabe. There is a lot of space between houses where Jasper lives. Both Gabe's and Jasper's neighborhoods have schools, hospitals, and stores.

1. community ____

____

2. urban ____

____

3. rural ____

____

Resta para encontrar cada diferencia. Escribe las respuestas en la forma más sencilla.

EJEMPLO:

$$\frac{4}{5} - \frac{1}{5} = \frac{3}{5}$$ ← Resta los numeradores.
← Conserva el mismo denominador.

4. $\dfrac{2}{6} - \dfrac{1}{6} =$

5. $\dfrac{5}{10} - \dfrac{3}{10} =$

6. $\dfrac{3}{4} - \dfrac{2}{4} =$

7. $6\dfrac{8}{10}$
   $- 3\dfrac{4}{10}$

8. $8\dfrac{4}{10}$
   $- 3\dfrac{3}{10}$

9. $7\dfrac{2}{15}$
   $- 3\dfrac{1}{15}$

DÍA 6

Lee las entradas del diario y responde las preguntas.

July 14, 1935

I am almost too tired tonight to write. The days seem to stretch on forever. Before dawn, we're up to do the milking. I make mush for breakfast nearly every day. We are weary of mush, though I know I should be grateful to have it.

We grow most of our own food, but the harvests are hard work. I wish we had more help, but we can barely pay the hired hands we already have.

President Roosevelt says this Depression will not last forever. Is he right? The most important thing is that we do not lose this farm. "You worry too much for a girl your age, Elizabeth," says Mama. It is hard not to worry in these times.

August 8, 1935

We are so lucky to live in a place where people have such generous spirits. Del Landon from up the road helped Sam fix the holes in the fence. Mrs. Carson brought us fruit preserves and a bag of outgrown clothes.

The best news of all is that we'll have help with our harvest. "Many hands make light work," Pa says, and he's right. When it's time for their crops to come in, we'll help our neighbors, too. Folks need to rely on each other. We'll make it through. I know we will. Better times must be ahead.

10. Write a brief summary of the passage. _______________________________________

____

11. Tell what you know about Elizabeth's character, based on her journal entries.

____

12. What does the saying "Many hands make light work" mean?_____________________

13. From what point of view is this story told? How does the point of view add to the

story? ____

Encuentra cada medida equivalente.

1. 15 metros = _______ centímetros.

2. 6 000 metros = _______ kilómetros.

3. _______ centímetros = 250 milímetros.

4. 1 metro = _______ milímetros.

5. 85 metros = _______ centímetros.

6. _______ kilómetros = 500 metros.

7. 3 000 milímetros = _______ metros.

8. 15 000 metros = _______ kilómetros.

> 1 centímetro = 10 milímetros
> 1 metro = 100 centímetros
> 1 kilómetro = 1 000 metros

En cada oración, subraya la causa y encierra en un círculo el efecto.

EJEMPLO: The sky became cloudy, then it started to snow.

9. The cold weather caused frost to cover the windows.

10. The falling snowflakes made my cheeks wet and cold.

11. Snow stuck to my mittens because I had made a snowman.

12. The snowman melted from the heat of the sun.

13. I swam so long in the pool that I had to put on more sunscreen.

14. Cayce missed the bus because she overslept.

15. Because Shay watched a scary movie on TV, she could not fall asleep.

16. The lady was thirsty, so she went to get a glass of water.

DÍA 7

Imagina que una persona famosa va a visitarte a casa. ¿Quién es? ¿De qué hablan? ¿Cómo es él o ella? Escribe un relato en inglés que cuente tu experiencia con esta persona. Asegúrate de utilizar detalles descriptivos. Incluye algún diálogo en tu escrito.

____

____

____

____

____

Compara los números decimales. Utiliza los símbolos mayor que (>), menor que (<) o igual a (=).

17. 0.25 ◯ 2.50

18. 0.09 ◯ 0.19

19. 1.50 ◯ 1.05

20. 0.45 ◯ 0.5

21. 3.3 ◯ 0.33

22. 0.52 ◯ 0.05

23. 1.10 ◯ 0.11

24. 0.79 ◯ 0.8

25. 0.45 ◯ 4.50

26. 0.20 ◯ 0.2

27. 5.87 ◯ 7.58

28. 0.45 ◯ 0.54

ACONDICIONAMIENTO FÍSICO:
Salta con el pie derecho durante 30 segundos.

* Ve la página ii.

Lee el pasaje. A continuación, responde las preguntas.

Planning a City

What do the streets in your city look like? Some cities have streets that are very straight and organized. It is easy to get from one point in the city to another. Other cities have streets that seem to go nowhere. It may be difficult to give directions to your home.

In the past, when a group of people moved to a place and started planning the streets, some of them used something called a *grid system*. One example of this is found in the city of Philadelphia, Pennsylvania, which is divided into four sections around a central square. The map was laid out by William Penn in 1682. The grid included wide streets that were easy for people to walk down. Penn left London, England, after a fire destroyed most of the city. London had a maze of narrow streets that were hard to move around safely. Penn wanted to make sure that people could get around easily and safely. Many other people followed Penn's ideas when setting up their new cities' street systems.

1. What is the main idea of this passage?
    A. William Penn drew the first grid system.
    B. Planning a city is important for safety and ease of use.
    C. Some streets are straight and organized.

2. What is one good thing about having straight streets? _______________________

____

3. What is a grid system?
    A. a plan for developing a city's streets
    B. an area of the classroom
    C. a TV channel

4. When did Penn leave London? _______________________________________

____

5. How are Philadelphia's streets different from London's? _______________________

____

DÍA 8

Una figura es *simétrica* (symmetrical) si se puede doblar por la mitad de modo que las dos partes sean *congruentes* (congruent). Dibuja una *línea de simetría* (symmetry line) para cada figura.

6.

7.

8.

9.

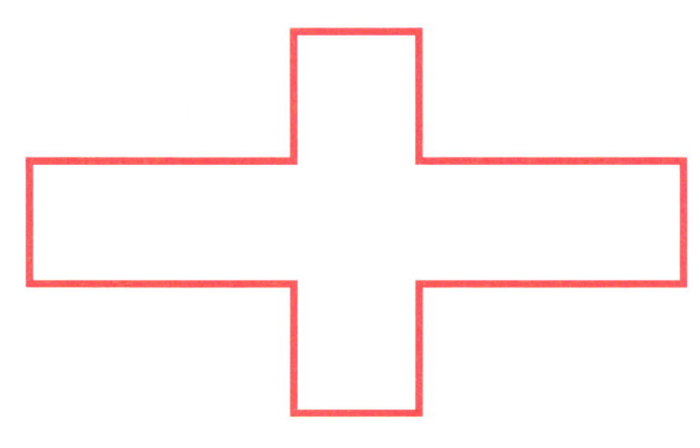

Descifra las palabras entre paréntesis para completar cada *analogía* (analogy).

10. Pillows are to soft as boards are to ___________________________. (rdha)

11. Bells are to ring as car horns are to ___________________________. (nkho)

12. Hear is to ears as touch is to ___________________________. (serinfg)

13. Star is to pointed as circle is to ___________________________. (dunor)

14. Fish is to swim as bird is to ___________________________. (ylf)

15. Elephant is to large as mouse is to ___________________________. (malsl)

16. Paint is to brush as draw is to ___________________________. (cienlp)

DATO: Un estornudo puede viajar a una velocidad de más de 100 millas (160.9 km) por hora.

COLOCA UNA ESTRELLA AQUÍ.

Utiliza la tabla para responder cada pregunta.

Horarios de la clase de música

Día 1 (solo para nuevos estudiantes)	Día 2	Día 3	Día 4	Día 5
Nicole	José	Solina	Greg	Jamie
Naomi	Kira	Jamie	Kipley	Solina
Tanya	Kipley	Greg	Jacob	Rebecca
Michelle	Mark	Rebecca	José	Mark
Fiora	Jacob	Margaret	Kira	Drake

1. Aparte de Jacob, ¿quién tiene clase el día 4? _______________________

____

2. ¿Qué día tienen clase Tanya, Naomi y Fiora? _______________________

3. ¿Cuántas lecciones tiene Jacob en total? _______________________

4. Kipley, Naomi y Mark practican juntos. ¿Quién es el nuevo estudiante de música?

____

5. ¿Cuántos estudiantes nuevos hay en total? _______________________

6. ¿Por qué Mark no tiene clase el primer día? _______________________

____

Si pudieras ser un animal, ¿qué animal serías? ¿Por qué?

____

____

____

DÍA 9

La *línea de puntos* (dottted line) de cada figura ¿representa una *línea de simetría* (line of symmetry)? Encierra en un círculo *sí* o *no*.

7. 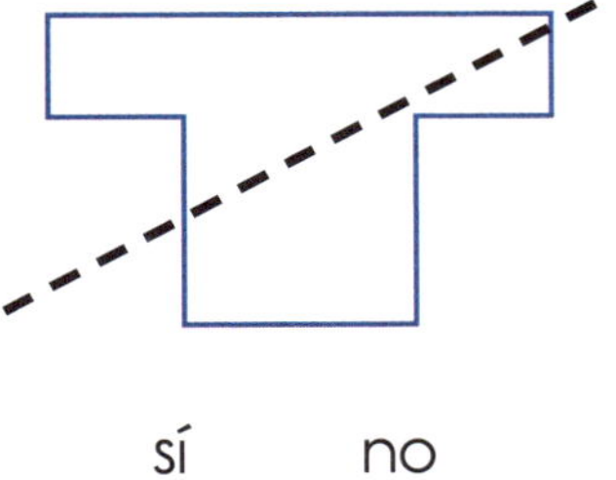

sí   no

8. 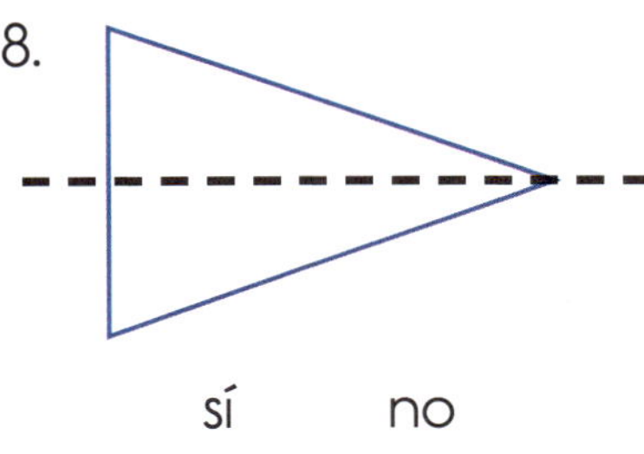

sí   no

9. 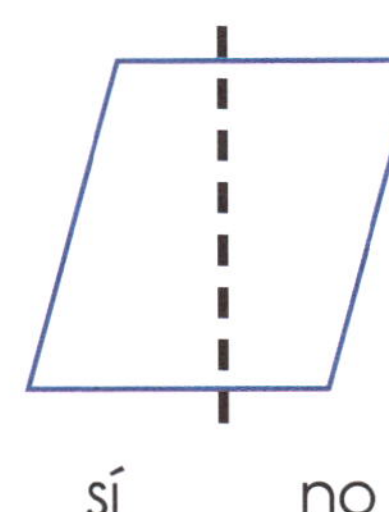

sí   no

10. 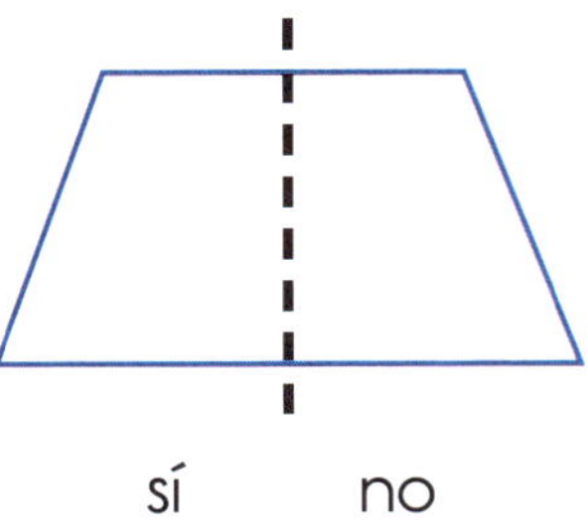

sí   no

11. 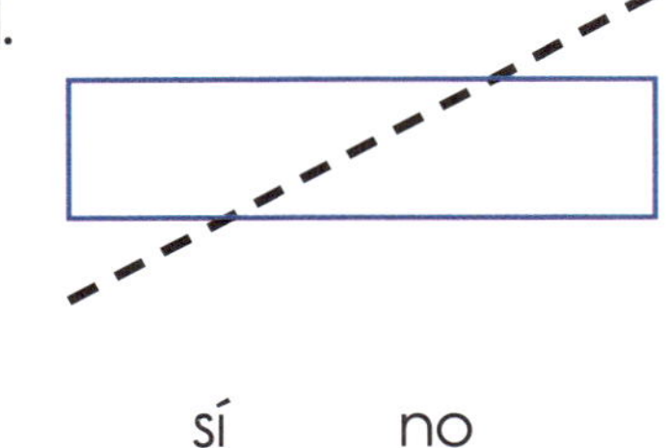

sí   no

12. 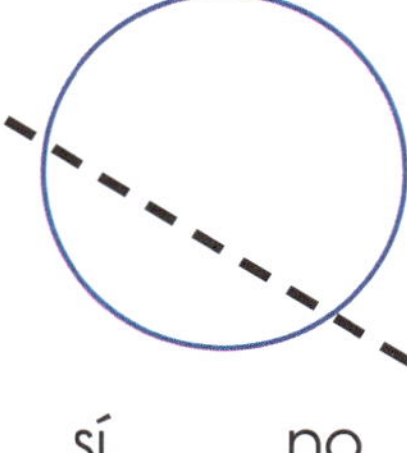

sí   no

Utiliza el *tiempo verbal progresivo* (progressive verb tense), que es una forma del verbo *be* + verbo principal + *ing*, para responder cada una de las siguientes preguntas.

EJEMPLO: What are the puppies doing right now?
The puppies **are playing** in the backyard.

13. What will you be doing at noon tomorrow?

____

14. What are you working on right now?

____

15. What were you doing at this time yesterday?

____

16. What will you eat for dinner tomorrow?

____

Lee el pasaje y responde las siguientes preguntas.

King Midas

One day, King Midas was strolling through his garden. He came across the teacher Silenus, who had taken ill. Midas nursed the old man back to health. The Greek god Dionysus was joyful at the return of his beloved friend Silenus. He allowed the king to make one wish, though he warned him to choose wisely.

King Midas decided quickly. "I would like to have everything I touch turn to gold," he said. Dionysus found the king to be very foolish. Still, he granted the wish.

King Midas grabbed a twig from a tree. His fingers touched the branch, and it immediately turned to gold. *Amazing!* thought the king. Once he returned home, he ran from room to room, turning things to gold. A golden chair! Golden flowers! A golden staircase!

When the king sat down to feast that night, he reached for a loaf of bread. It turned to gold in his hands. He tried to spoon vegetables onto his plate and sip from his cup of water, but they too turned to gold. The king's daughter entered the room at that moment. She saw the look of worry on her father's face and rushed to hug him. He did not have time to warn her away, and the beautiful young girl turned into a statue of gold.

1. Why does Dionysus offer to grant a wish for the king? _______________________________

2. Why does Dionysus find the king to be foolish? _______________________________

   ____

3. What lesson does this myth teach? What other genre of writing often has a

   moral or lesson? ____

   ____

4. What do you think will happen next in the story? _______________________

   ____

DÍA 10

Suma para encontrar cada adición. Antes de sumar, es posible que tengas que cambiar el denominador de una fracción de 10 a 100. Recuerda multiplicar tanto el numerador como el denominador por 10.

EJEMPLO: $\dfrac{1}{10} + \dfrac{15}{100} = \dfrac{25}{100}$

(Piensa: $\dfrac{10}{100} + \dfrac{15}{100} = \dfrac{25}{100}$.)

5. $\dfrac{3}{10} + \dfrac{4}{100} =$ _______

6. $\dfrac{50}{100} + \dfrac{2}{10} =$ _______

7. $\dfrac{7}{10} + \dfrac{12}{100} =$ _______

8. $\dfrac{15}{100} + \dfrac{5}{10} =$ _______

9. $\dfrac{1}{10} + \dfrac{85}{100} =$ _______

10. $\dfrac{5}{10} + \dfrac{25}{100} =$ _______

11. $\dfrac{66}{100} + \dfrac{4}{100} =$ _______

12. $\dfrac{9}{10} + \dfrac{5}{100} =$ _______

13. $\dfrac{3}{10} + \dfrac{60}{100} =$ _______

14. $\dfrac{49}{100} + \dfrac{4}{10} =$ _______

15. $\dfrac{4}{10} + \dfrac{16}{100} =$ _______

16. $\dfrac{28}{100} + \dfrac{4}{100} =$ _______

Escribe sobre tu experiencia al aprender a hacer algo nuevo. ¿Quién te ayudó? ¿Qué aprendiste? Cuenta tu historia siguiendo una secuencia lógica de acontecimientos. Puedes escribir en español o en inglés.

____

____

____

____

____

____

PRUEBA DE CARÁCTER: Haz una lista de cinco cosas por las que estés agradecido. Comparte tu lista con un adulto.

COLOCA UNA ESTRELLA AQUÍ.

Mira cada uno de los *modismos* (idioms) subrayados. A continuación, elige el significado correcto de cada oración.

1. Cody was <u>back to square one</u> when his dog chewed his science fair project.
   - A. Cody stood on a square that was labeled *one*.
   - B. Cody had to start his science fair project again from the beginning.
   - C. Cody was unhappy that his dog chewed up his science fair project.

2. <u>Time flies</u> when we are having fun.
   - A. Time seems to go quickly when we are having fun.
   - B. Time has wings and flies like a bird.
   - C. Time goes slowly.

3. Torika needs to <u>toe the line</u> if she wants to go to the movies.
   - A. Torika needs to behave if she wants to go to the movies.
   - B. Torika needs to stand behind a line if she wants to go to the movies.
   - C. Torika needs to stand in line for a movie ticket.

El poder de la perseverancia

La palabra *perseverancia* (perseverance) significa seguir adelante aunque algo sea difícil. Piensa en alguien que conozcas a quien admires o consideres un héroe, como por ejemplo, a un abuelo. Pregúntale si puedes hacerle una entrevista. Hazle preguntas a tu héroe para tratar de determinar qué lo hizo triunfar. ¿Qué dificultades superó? ¿Qué lo hizo perseverar? Escribe las respuestas a esas preguntas. Después de entrevistar a tu héroe, escribe una cita clave suya que explique su perseverancia, como por ejemplo: «Siempre me esforcé al máximo porque quería ser el mejor». Coloca la cita donde puedas verla todos los días como un recordatorio de que nunca debes rendirte.

DÍA 11

Resta para encontrar cada diferencia. Reagrupa si es necesario.

4.	5.	6.	7.	8.
$7.36 −$3.97	$8.90 −$2.49	$7.68 −$4.79	$3.85 −$2.79	$7.47 −$4.58

9.	10.	11.	12.	13.
$8.37 −$2.09	$4.76 −$2.67	$6.89 −$4.78	$6.77 −$2.88	$3.76 −$1.87

¿Qué fue lo mejor de este verano?

____

____

____

____

____

____

____

____

DATO: Una pulga puede saltar 200 veces la longitud de su cuerpo.

COLOCA UNA ESTRELLA AQUÍ.

Resuelve los problemas. Escribe los residuos así: R4.

1. $3\overline{)5{,}422}$
2. $8\overline{)687}$
3. $9\overline{)1{,}599}$
4. $4\overline{)428}$

5. $3\overline{)755}$
6. $4\overline{)4{,}624}$
7. $7\overline{)878}$
8. $2\overline{)2{,}542}$

9. $5\overline{)374}$
10. $6\overline{)954}$
11. $9\overline{)1{,}000}$
12. $3\overline{)752}$

Imagina que te piden inventar una nueva palabra. ¿Cuál sería esa palabra y qué significaría?

____

____

____

____

____

DÍA 12

Lee el pasaje. A continuación, responde las preguntas.

Matter

All matter on Earth exists in one of three states: solid, liquid, or gas. Solids, such as boxes or books, have certain shapes that are difficult to change. Liquids, such as lemonade or orange juice, take the shape of the containers they are in. Gases, such as the air you breathe and helium, spread out to fill the space they are in. It is easy to change water from one state to another. The water you drink is a liquid. When water is heated, such as in a pot on the stove, it becomes a gas. This gas is known as steam, or vapor. Steam can be used in a large machine to make electricity. When water is frozen, such as in a tray in the freezer, it turns to ice. Ice can be used to help a hurt part of the body heal.

13. What is the main idea of this passage?
    A. Steam is heated water.
    B. All matter exists as a solid, a liquid, or a gas.
    C. Ice cubes make water taste better.

14. What are two examples of solids? _______________________________

15. What are two examples of liquids? _______________________________

16. What are two examples of gases? _______________________________

17. Water can exist as a solid, a liquid, or a gas. What is it called in each state?

    ____

18. How are solids, liquids, and gases different from each other?_______________

    ____

    ____

    ____

* Ve la página ii.

COLOCA UNA ESTRELLA AQUÍ.

Suma para encontrar cada adición. Escribe cada respuesta de la forma más sencilla.

1. $\dfrac{1}{4} + \dfrac{3}{4} =$ 2. $\dfrac{3}{5} + \dfrac{2}{5} =$ 3. $\dfrac{3}{7} + \dfrac{2}{7} =$

4. $\dfrac{3}{4} + \dfrac{1}{4} =$ 5. $\dfrac{1}{7} + \dfrac{1}{7} =$ 6. $\dfrac{1}{6} + \dfrac{4}{6} =$

Elige del banco de palabras la palabra *homófona* (homophone) correcta para completar cada oración.

I	eye	you	ewe	wear	where

7. My friend and _________________ ate sandwiches and apples for lunch.

8. The _______________ took care of her lamb.

9. Cory got a speck of dust in his _________________ .

10. Do you know _________________ to put the books away?

11. Would _________________ please hand me that pencil?

12. Hillary will _______________ her blue shoes today.

DÍA 13

Encierra en un círculo tu respuesta a cada pregunta. Luego, subraya la raíz.

13. Which word contains a Latin root that means "to see"? Underline the root.

    spectacles   perimeter   automobile

14. Which word contains a Greek root that means "earth"? Underline the root.

    erupt   eject   geology

15. Which word contains a Greek root that means "measure"? Underline the root.

    structure   thermometer   hydrogen

16. Which word contains a Latin root that means "water"? Underline the root.

    automatic   zoology   aquarium

17. Which word contains a Latin root that means "foot"? Underline the root.

    pedal   decade   universe

18. Which word contains a Latin root that means "between"? Underline the root.

    interrupt   attract   telescope

19. Which word contains a Greek root that means "three"? Underline the root.

    quarter   unicycle   triplets

20. Which word contains a Greek root that means "write or draw"? Underline the root.

    century   autograph   stethoscope

Describe las vacaciones de tus sueños. ¿Adónde irías? ¿Qué harías? Procura escribir en inglés.

____

____

____

Lee el pasaje. A continuación, responde las preguntas.

Health and Fitness

Health and fitness are important for you and your family. If you start good health habits now, you will have a better chance of being a healthy adult later. You may go to physical education class several times a week, but you should also try to stay fit outside of school. You and your family can make healthy choices together. You can choose fresh fruit for dessert instead of cake. Offer to help make dinner one night, and surprise your family by preparing a delicious salad. You can go for a walk together after dinner instead of watching TV. Exercising can help wake up your brain so that you can do a good job on your homework. Making healthy choices may seem hard now, but it will feel good after a while.

1. What is the main idea of this passage?
   A. Going to physical education class is fun.
   B. Making healthy choices is too hard.
   C. Health and fitness are important for you and your family.

2. What might happen if you start good health habits now? _______________________

   ____

3. How does the author support the idea that good health is important? ___________

   ____

4. What is a better choice than cake for dessert? _________________________________

5. What can you do instead of watching TV after dinner? __________________________

   ____

6. Find another source of information about health and fitness. You can go online with an adult's help or look for a book at the library. On a separate sheet of paper, write a paragraph that summarizes what you have learned about health and fitness.

DÍA 14

Resuelve cada problema de palabras. Muestra tu trabajo.

7. Isaías tenía 2 horas de tiempo libre. Dedicó $\frac{1}{4}$ de hora a comer una botana, $\frac{1}{4}$ de hora a hablar con su hermano y $1\frac{1}{4}$ de hora a leer. ¿Cuánto tiempo le quedó?

8. Hanna caminó $\frac{1}{3}$ de milla a la tienda, $\frac{2}{3}$ de milla a la biblioteca y $\frac{1}{3}$ de milla a casa. ¿Qué distancia caminó en total?

9. Un empleado de la tienda de comestibles puso en una bolsa $\frac{5}{8}$ de libra de mantequilla, $\frac{1}{8}$ de libra de pasas, $\frac{3}{8}$ libras de lechuga y 2 libras de papas. ¿Cuál fue el peso total de los artículos?

10. Eddy tenía un pedazo de tela. Utilizó $\frac{5}{16}$ de la tela para una bandana y le dio $\frac{9}{16}$ de la tela a su hermana. ¿Qué cantidad de tela le quedó?

Encierra en un círculo cada palabra que vaya con letra mayúscula.

4407 ninth street
hillside, maine 04024

march 10, 2014

skateboards and more
6243 rock avenue
detroit, michigan 48201

To whom it may concern:

I am returning my skateboard for repair. it is still under warranty. please repair it and return the skateboard to the address above as soon as possible.

sincerely,

wesley diaz

* Ve la página ii.

Resuelve los problemas.

1. $5{,}422 \times 3$

2. $9{,}260 \times 5$

3. 285×4

4. $3{,}164 \times 8$

5. 907×6

6. $8{,}616 \times 7$

7. $6{,}182 \times 9$

8. $5{,}481 \times 2$

Separa cada una de las *oraciones corridas* (run-on sentences) en dos oraciones. Utiliza las mayúsculas y la puntuación correctas para escribir las nuevas oraciones.

9. Raven has a new backpack it is green and has many zippers.

____

10. Katie borrowed my pencil she plans to draw a map.

____

11. Zoe is outside she is on the swings.

____

12. Zack is helping Dad Elroy is helping Dad too.

____

DÍA 15

Lee el pasaje. A continuación, responde las preguntas.

Snowflakes
by Mary Mapes Dodge

Whenever a snowflake leaves the sky,
It turns and turns to say "Good-by!
Good-by, dear clouds, so cool and gray!"
Then lightly travels on its way.

And when a snowflake finds a tree,
"Good-day!" it says—"Good-day to thee!
Thou art so bare and lonely, dear,
I'll rest and call my comrades here."

But when a snowflake, brave and meek,
Lights on a rosy maiden's cheek,
It starts—"How warm and soft the day!
'Tis summer!"—and it melts away.

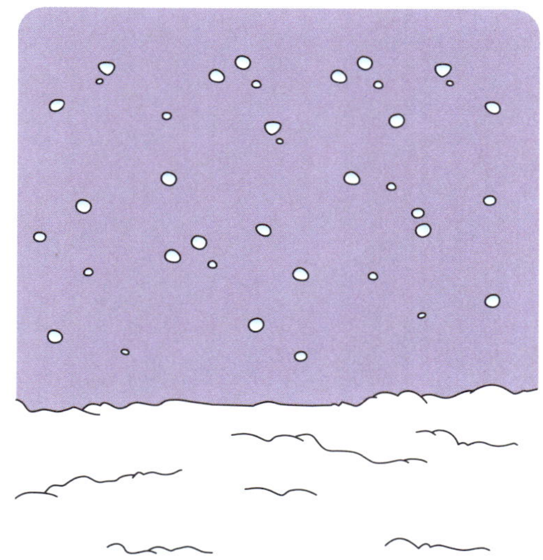

13. Which pattern describes the poem's rhyme scheme?
    A.   ABC ABC
    B.   AA BB
    C.   AB AB

14. What does the author personify in this poem? ___________________________

15. What are the different sections of a poem called?
    A.   paragraphs
    B.   rhythms
    C.   stanzas

16. According to the poem, when does the snowflake think it's summer? ___________

____

PRUEBA DE CARÁCTER: Piensa en tres cosas que te gusten de ti. Escribe estas características en una hoja y colócala donde la veas a menudo.

Lee la historia. A continuación, responde las preguntas.

Julie and Clint closed their eyes to shut out the sun's glare. As they sat on the ground, the hot July sun felt good. They could hear the wind blowing softly through the pine trees, making a kind of whispering, murmuring sound. They could hear the creek nearby making soothing, babbling sounds. They could even hear the distant screech of a hawk flying high in the sky overhead.

1. Where do you think Julie and Clint are? _______________________________

2. What season of the year is it? _______________________________

3. What could Julie and Clint hear? _______________________________

____

4. What would you like to do if you were there? _______________________________

____

Imagina que haces una fiesta para celebrar algo bueno. Escribe lo que estás celebrando. Luego, diseña una invitación para tu fiesta en una hoja aparte. Procura escribir en inglés.

____

____

____

____

____

____

DÍA 16

Suma para encontrar cada adición. Reagrupa si es necesario.

5. 246
    +129

6. 500
    +806

7. 924
    +289

8. 402
    +629

9. 1,284
    +2,629

10. 7,762
     +1,473

11. 3,383
     +5,007

12. 4,290
     +2,968

13. 9,542
     + 695

14. 2,423
     +1,932

Utiliza la tabla de *valor posicional* (place value chart) para escribir cada número o *palabra numérica* (number word).

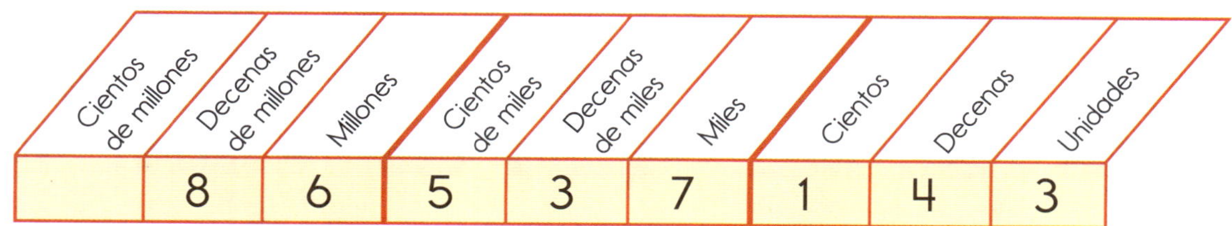

EJEMPLO:

Ochenta y seis millones quinientos treinta y siete mil ciento cuarenta y tres:

86,537,143

15. Un millón trescientos sesenta y nueve mil: _______________________

16. Quinientos dos millones cien mil siete: _______________________

17. 375,403,101: _______________________

18. 894,336,045: _______________________

Resta para encontrar cada diferencia. Reagrupa si es necesario.

1.	2.	3.	4.	5.
3.01 −2.42	5.41 −3.77	4.71 −3.82	7.27 −4.19	8.48 −3.99

6.	7.	8.	9.	10.
8.47 −3.58	5.02 −3.21	7.04 −6.67	8.46 −4.57	6.03 −2.77

Lee la historia. A continuación, responde las preguntas.

Swimming Lessons

Ann and her brother took swimming lessons this summer. Because they live in the country, they took a bus to the pool. It took half an hour to get there. Their lessons were two hours long, then they rode the bus home. Even though it took a lot of time, they enjoyed it very much. By the end of the summer, they both knew how to swim well.

11. What is the best summary for this story?
    A. Ann and her brother took swimming lessons this summer.
    B. Ann and her brother rode a bus to the pool to take swimming lessons this summer. They enjoyed it and both learned how to swim.

12. Should a summary be longer or shorter than the original story? _______________

13. What information should be included in the summary? _______________

____

____

____

DÍA 17

Vuelve a escribir cada fracción como un decimal.

14. $\dfrac{15}{100}$ = _______

15. $\dfrac{7}{10}$ = _______

16. $\dfrac{58}{100}$ = _______

17. $\dfrac{9}{100}$ = _______

18. $\dfrac{60}{100}$ = _______

19. $\dfrac{6}{10}$ = _______

20. $\dfrac{81}{100}$ = _______

21. $\dfrac{32}{100}$ = _______

22. $\dfrac{5}{100}$ = _______

23. $\dfrac{5}{10}$ = _______

24. $\dfrac{55}{100}$ = _______

25. $\dfrac{3}{10}$ = _______

Lee cada grupo de palabras. Escribe *S* si es una *oración* (sentence), *F* si es un *fragmento* (fragment) o *R* si es una *oración corrida* (run-on sentence).

26. _________ Orangutans are rare animals.

27. _________ Live in rain forests in Borneo and Sumatra.

28. _________ They belong to the ape family along with the chimpanzees and gorillas they are larger than most chimpanzees and smaller than most gorillas.

29. _________ Approximately three to five feet tall.

30. _________ Their arms are extremely long.

* Ve la página ii.

COLOCA UNA ESTRELLA AQUÍ.

¿Dónde encontrarías la respuesta a cada una de las siguientes preguntas? Escribe el nombre de la mejor referencia, elige del banco de palabras.

| globe | dictionary | encyclopedia |

1. Where is Oregon? ____

2. How do they harvest sugarcane in Hawaii? _______________

3. Which syllable is stressed in the word *Utah*? _______________

4. What kind of food do people eat in Mexico? _______________

5. Which continent is closest to Australia? _______________

6. Where is the Indian Ocean? _______________________________________

7. Who was Thomas Edison, and what did he do? _______________

8. What does the word *hibernate* mean? _______________________________

9. What are two different meanings for the word *project*? _______________

El *signo de corrección* (proofreading mark) ^ se utiliza para indicar dónde hay que añadir una palabra, una letra o un signo de puntuación en una oración. Utiliza el signo de corrección ⌄̣ para indicar dónde se necesitan comas en cada oración.

10. As a bird of prey the American kestrel eats insects mice lizards and other birds.

11. Birds of prey such as hawks have hooked beaks and feet with claws.

12. Falcons are powerful fliers and they can swoop from great heights.

13. The American kestrel the smallest North American falcon is only 8 inches (20.3 cm) long.

14. "Kim let's look at this book about falcons."

DÍA 18

Lee el pasaje. A continuación, responde las preguntas.

Scientific Experiments

Scientists learn about the world by conducting experiments. They take careful notes about the supplies they use and the results they find. They share their findings with others, which leads to everyone learning a little more. You can do experiments, too! The library has many books with safe experiments for students. You might work with balloons, water, or baking soda. You might learn about how light travels or why marbles roll down a ramp. Ask an adult to help you set up your experiment and to make sure that you are being safe. Be sure to wash your hands afterward and clean up the area. Take good notes about your work. Remember, you may be able to change just one thing the next time to get a completely different result. Most of all, do not worry if your results are different from what you expected. Some of the greatest scientific discoveries were made by mistake!

15. What is the main idea of this passage?
    A.   Scientists learn about the world by conducting experiments.
    B.   Scientists sometimes make mistakes that lead to great discoveries.
    C.   You should always take good notes when conducting an experiment.

16. What do scientists take notes about? _______________________________________

17. What happens when scientists share their findings with others?

    ____

18. Where can you find information about safe experiments? ___________________

19. Why should you ask an adult to help you with your experiment?

    ____

20. Should you worry if you get different results? Why or why not?

    ____

DATO: Plutón tarda casi 250 años terrestres en completar una órbita alrededor del Sol.

Lee el pasaje y responde las siguientes preguntas.

Ava, Scientist

Ava had spent every spare moment of the last week working on her science fair project. She aspired to be a scientist one day. It was all she had ever wanted to do. Ava had her mind set on winning first prize. She could think of dozens of ways to use a new, powerful microscope. Her project wasn't going the way she had planned it, though. She pulled the lever, and several metal cans toppled to the floor. Ava stomped her foot with **exasperation**.

"Ava?" said Dad, tapping at her door. "How's it coming? Do you need any help?"

Ava sighed. "Nope, I just have to keep working until I get it right."

1. How would you describe Ava's character? Use details from the story to support your answer.____

   ____

2. What does *exasperation* mean? What clues in the story helped you determine the meaning? ____

3. Write a brief summary of the story. ____

   ____

4. Rewrite part of the story using first-person point of view. Be sure to include details that might not be obvious from the third-person point of view. _______________________

   ____

   ____

   ____

   ____

DÍA 19

Observa los ejemplos de *líneas paralelas* (parallel lines) y *perpendiculares* (perpendicular lines). Al lado de cada figura, escribe cuántos pares de lados paralelos y perpendiculares tienen. (Tu respuesta podría ser 0 en algunas ocasiones).

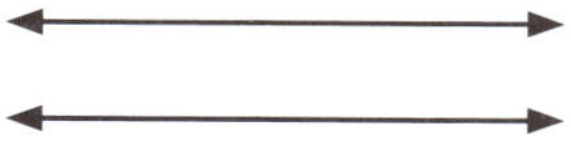

Líneas paralelas 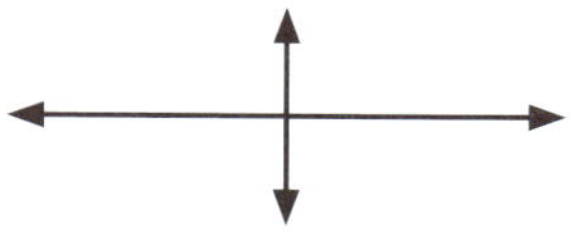   Líneas perpendiculares

5. 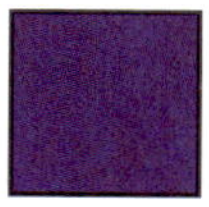 Pares de lados paralelos: _______

   Pares de lados perpendiculares: _______

6. 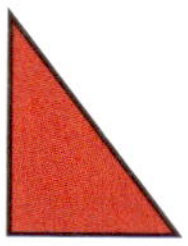 Pares de lados paralelos: _______

   Pares de lados perpendiculares: _______

7. 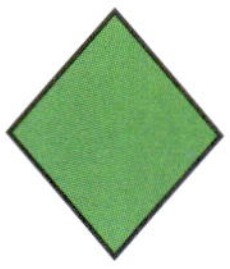 Pares de lados paralelos: _______

   Pares de lados perpendiculares: _______

8. 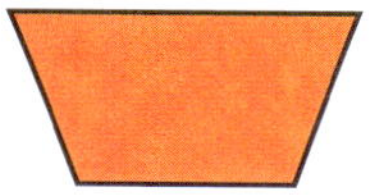 Pares de lados paralelos: _______

   Pares de lados perpendiculares: _______

9. 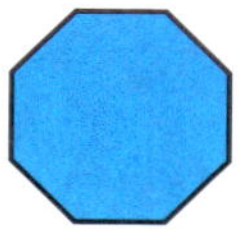 Pares de lados paralelos: _______

   Pares de lados perpendiculares: _______

Lee el pasaje. Luego, sigue las indicaciones.

In France, pancakes are called *crepes*. They are made with flour, eggs, and other ingredients. They are usually rolled up with different kinds of food inside. Most often, they are filled with fruit. In Mexico, pancakes made with cornmeal are called *tortillas*. Tortillas are filled with a mixture of foods. Tortillas can also be folded to make tacos.

On another sheet of paper, write a recipe for your favorite pancakes. Describe what you like to have on top of them.

Resta para encontrar cada diferencia. Reagrupa si es necesario.

1. 5,042 −1,624	2. 2,710 −1,624	3. 4,200 −1,122	4. 7,106 −2,410	5. 3,340 −1,112
6. 9,824 −1,224	7. 6,831 −4,560	8. 7,605 −1,282	9. 6,351 −5,675	10. 8,001 −2,381

Redondea cada número al lugar más cercano indicado entre paréntesis ( ).

11.   (diez mil) 54,220 _______________

12.   (mil) 3,728 _______________

13.   (mil) 8,922 _______________

14.   (diez mil) 46,003 _______________

15.   (cien) 614 _______________

16.   (diez mil) 18,138 _______________

17.   (cien mil) 198,425 _______________

18.   (diez mil) 72,311 _______________

PRUEBA DE CARÁCTER: ¿Cuál es la tarea más difícil que has hecho? ¿Cómo te sentiste al terminar? Escribe un párrafo sobre tu experiencia en una hoja aparte.

DÍA 20

Lee el pasaje. A continuación, responde las preguntas.

Flags

A flag tells something special about a country or a group. For example, the United States flag has 13 red and white stripes for the country's first 13 colonies. It has 50 white stars on a blue background to represent the current 50 states. The Canadian flag has a red maple leaf on a white background between two bands of red. The maple tree is the national tree of Canada. Canadian provinces and U.S. states also have their own flags. The state flag of Texas has a large white star on a blue background on the left and two bands of red and white on the right. The star symbolizes Texas's independence from Mexico. Because of the flag's single star, Texas is called the *Lone Star State*. The flag of the Canadian province New Brunswick has a gold lion on a red background above a sailing ship. The lion stands for ties to Brunswick, Germany, and to the British king. The ship represents the shipping industry.

19. What is the main idea of this passage?
    A. A flag tells something special about the country or the group it represents.
    B. Some flags have maple leaves or lions on them.
    C. Many flags are red, white, or blue.

20. What does the United States flag look like? _______________________

____

____

21. What does the Canadian flag look like? _______________________

____

____

22. Why is Texas called the *Lone Star State*? _______________________

____

____

Campana con cuchara

¿Cómo se puede cambiar el tono del sonido?

El *tono* (pitch) es una propiedad del sonido. El tono de un sonido está determinado por la frecuencia de las *ondas* (waves) que lo producen. El tono de un sonido se describe a menudo en términos de *agudeza* (highness) o *gravedad* (lowness).

Materiales:
- 30 pulgadas (76 cm) de cuerda
- cuchara metálica
- mesa

Procedimiento:

Ata el mango de la cuchara al centro de la cuerda. Enrolla los extremos de la cuerda alrededor de tus dedos índices.

Coloca la punta de cada dedo índice en cada oreja. Inclínate para que la cuchara cuelgue libremente. Golpea la cuchara contra el lateral de una mesa. Escucha con atención. A continuación, anota tus observaciones en la siguiente tabla.

Acorta la cuerda enrollándola más en tus dedos. Vuelve a golpear la cuchara contra la mesa. A continuación, anota tus observaciones en el siguiente cuadro.

Ensayo	Observaciones
1	
2	

¿Cuál ensayo fue más ruidoso? _______________________________________

¿De qué se trata esto?

Las moléculas que vibran en la cuchara golpean las moléculas de la cuerda. La energía se transfiere por la cuerda hasta tus oídos. Cuando las vibraciones viajan por una cuerda larga, se extienden y tienen una frecuencia y un tono más bajos. Cuando la cuerda se acorta, los movimientos son más comprimidos. El resultado es una frecuencia más alta y un tono más alto.

EXTRA

Germinación

¿Qué condiciones afectan a las semillas cuando germinan?

Materiales:

- 2 tarros pequeños y vacíos
- cinta adhesiva
- lápiz
- tijeras
- 10 semillas de rábano
- papel de cocina
- marcador permanente
- agua

Procedimiento:

Abre un tarro. Dibuja cuatro círculos en la toalla de papel, utilizando la boca del tarro como guía. Recorta los círculos.

Coloca un círculo de papel de cocina en el fondo de cada tarro. A continuación, pon cinco semillas de rábano en cada círculo. Coloca otro círculo de papel sobre las semillas de rábano en cada tarro. Cada tarro debe tener un «sándwich» formado por dos círculos de papel de cocina y cinco semillas de rábano.

Añade suficiente agua a cada tarro para humedecer los círculos de papel de cocina; comprueba que no queden muy mojados. Si añades demasiada agua, retírala; las semillas estarán bien. Marca los tarros con el lápiz y la cinta adhesiva. Marca un tarro como *tibio* y el otro como *frío*.

Mete el tarro frío en el refrigerador. Coloca el tarro *tibio* en un lugar cálido y oscuro, sin tocarlo; puede ser dentro de un cajón. Observa las semillas diariamente durante cuatro días. Anota tus observaciones en una hoja aparte.

¿En qué lugar germinaron más rápido las semillas? ¿A qué crees que se debió?

____

____

¿De qué se trata esto?

Hay varios factores que afectan a la germinación de las semillas. Principalmente, las semillas se ven afectadas por la cantidad de agua disponible y la temperatura. Una semilla espera a que se den las condiciones climáticas ideales antes de brotar. Algunas semillas deben pasar por un periodo de latencia, o sueño, y soportar un frío intenso antes de germinar. Puedes poner esas semillas en un congelador durante seis semanas para que les parezca que es invierno. Entonces germinarán cuando sean sembradas.

Mapa de productos

Un *mapa de productos* (producto map) utiliza símbolos para mostrar qué productos se producen en determinados lugares. A continuación se muestra un mapa de productos de Wisconsin. Estudia el mapa. Luego, responde las preguntas.

1. ¿Qué producto se produce más en Wisconsin?_______________________________

2. ¿Se crían más pollos o ganado lechero en Wisconsin? _____________________

3. ¿Cuáles son los dos productos que se producen menos? _____________________

4. A juzgar por el mapa, ¿en Wisconsin se produce más ganado o cultivos?

   ____

5. ¿Por qué puede ser útil saber dónde se produce cada cosa? ________________

   ____

   ____

EXTRA

Haz un mapa

Utiliza un atlas para hacer un mapa de África. Dibuja y etiqueta las características de la lista. A continuación, sigue las instrucciones.

Montañas de Ahaggar	Lago Tanganica	Mar Rojo
Montañas del Atlas	Lago Victoria	Desierto del Sahara
Río Congo	Desierto de Namibia	Estrecho de Gibraltar
Lago Chad	Río Nilo	
Madagascar (isla)	Mar Mediterráneo	

1. Colorea los desiertos usando color anaranjado.

2. Dibuja triángulos marrones para las montañas.

3. Dibuja líneas y círculos azules para los ríos y lagos.

4. Dibuja una línea verde en el ecuador.

5. Dibuja círculos rojos en el trópico de Cáncer y en el trópico de Capricornio.

Hemisferios

El *primer meridiano* (prime meridian) (0° de longitud) y el meridiano de 180° de longitud dividen la Tierra en dos mitades llamadas *hemisferio oriental* (eastern hemisphere) y *hemisferio occidental* (western hemisphere). Estudia el siguiente mapa. A continuación, encierra en un círculo el hemisferio correcto entre paréntesis para completar cada oración. Utiliza un atlas o un mapamundi si es necesario para ayudarte a identificar cada continente.

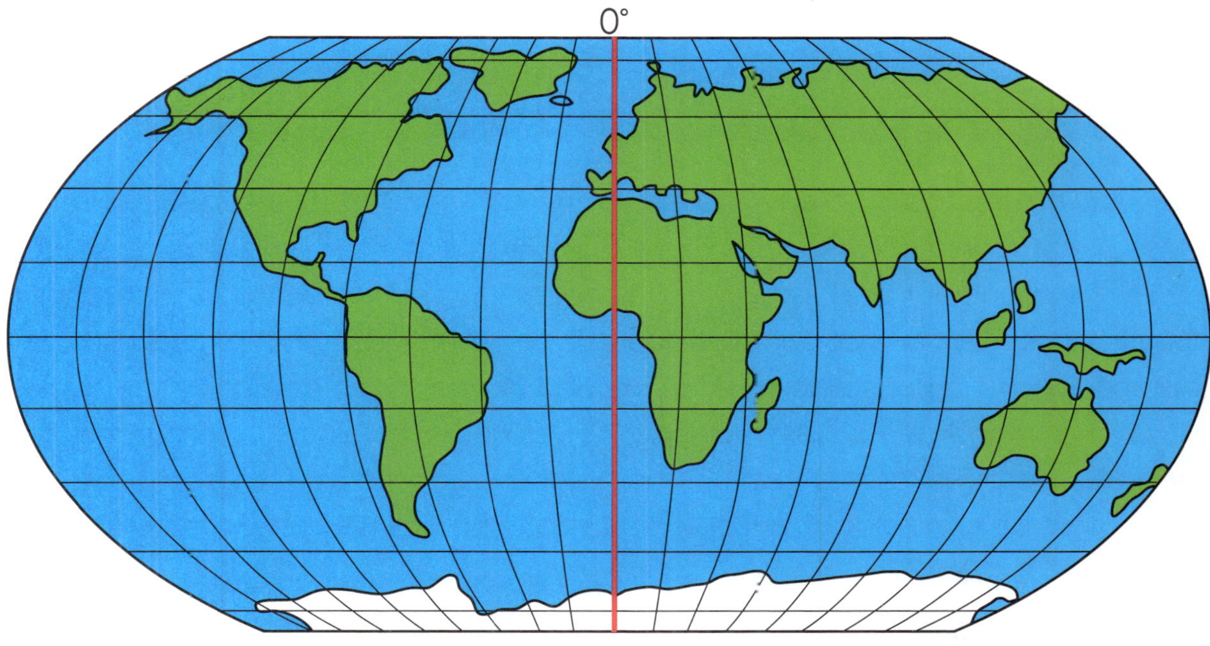

1. América del Norte está en el hemisferio (oriental, occidental).

2. Asia se encuentra mayoritariamente en el hemisferio (oriental, occidental).

3. África se encuentra principalmente en el hemisferio (oriental, occidental).

4. América del Sur está en el hemisferio (oriental, occidental).

5. Europa se encuentra principalmente en el hemisferio (oriental, occidental).

6. Australia está en el hemisferio (oriental, occidental).

EXTRA

¡Vamos afuera!

Saca un cuaderno, un lápiz y una regla, y ve al aire libre. En compañía de un adulto, busca un jardín o una jardinera donde crezca algo en grupo, como flores, hojas o verduras. Localiza la muestra más grande y la más pequeña de cada objeto y calcula sus dimensiones. A continuación, mide y compara cada objeto. Continúa calculando, midiendo y comparando objetos hasta que estés muy cerca de calcular las respuestas exactas.

No necesitas un telescopio de gran potencia para observar vistas increíbles en el cielo nocturno. En compañía de un adulto, explora el cielo nocturno de verano para saber qué estrellas se pueden ver donde vives. Luego, en una noche clara, sal al exterior con un adulto. Si observas con regularidad, puede que veas una lluvia de meteoritos, una estrella especial o una constelación distintiva. Sea lo que sea lo que ofrezca el cielo de verano, lleva un diario de tus observaciones. Si ves una constelación memorable, haz un dibujo de ella. Después, intenta escribir una historia o un mito que la acompañe. Intenta encontrar mitos de constelaciones en la biblioteca. ¿En qué se parecen y en qué se diferencian de los tuyos?

Los arqueólogos encuentran y descubren objetos. Luego, reúnen pistas para conocer el pasado. Con guantes de jardinería y una pequeña pala, ve a un lugar al aire libre donde tengas permiso para cavar. Cava varias pulgadas en diferentes lugares y examina lo que encuentres. Ya sea una moneda de 1978, un botón antiguo o un fósil, puede que te sorprenda un hallazgo interesante. A medida que vayas descubriendo los distintos objetos, piensa en cómo llegó cada uno de ellos a la tierra. Cuando termines, asegúrate de rellenar los agujeros que excavaste y de limpiar todo lo que ensuciaste. Observa los objetos que encontraste al excavar. ¿Tienen alguna historia detrás? Escribe un breve relato en el que imagines la historia de uno de los objetos. Asegúrate de incluir detalles descriptivos en tu escrito.

* Ve la página ii.

Sección I

Día 1/Página 3: 1. 324 manzanas; 2. 5 alumnos; 3. $ 7.95; 4. $25.25; 5.–13. Las respuestas variarán.; 14. B; 15. when snow hardens into ice over a long period of time; 16. A; 17. Antarctica and Greenland; 18. a lot of snow in winter and cool summers; 19. Glaciers can cause flooding where people live. Falling ice from glaciers may block mountain paths and roads. Icebergs that break off from glaciers may be a problem for ships at sea.

Día 2/Página 5: 1. play; 2. interest; 3. write; 4. cover; 5. spoon; 6. quick; 7. happy; 8. doubt; 9. kind; 10. cover; 11.–15.

b	r	q	e	o	S	c	r	y	10	6	8
U	y	10	6	2	4	M	z	1	q	a	i
6	v	0	7	8	M	p	2	10	17	12	X
r	b	14	18	b	e	16	f	h	19	E	s
18	6	14	7	2	p	m	n	z	58	20	s
94	86	22	2	R	7	I	0	24	n	x	c
26	39	3	a	d	e	28	g	S	52	19	30
7	j	F	k	32	y	34	4	31	t	10	36
0	n	e	n	38	o	80	98	U	17	x	p
w	m	m	11	N	3	14	39	c	r	e	t
q	u	v	9	7	6	w	5	40	w	3	9

15. SUMMER IS FUN; 16. 3 x 6 = 18; 6 x 3 = 18; 18 ÷ 6 = 3; 18 ÷ 3 = 6; 17. 9 x 4 = 36; 4 x 9 = 36; 36 ÷ 9 = 4; 36 ÷ 4 = 9; 18. 6 x 8 = 48, 8 x 6 = 48, 48 ÷ 6 = 8, 48 ÷ 8 = 6; 19. Eat, Fried, Worms; 20. Let, It; 21. Fair; 22. Piney, Woods; 23. How, Train, Your, Dragon; 24. Woods, Snowy, Evening; 25. Spaghetti; 26. Frozen

Día 3/Página 7: 1. 702; 2. 176; 3. 570; 4. 933; 5. 831; 6. 123; 7. 590; 8. 580; 9. 401; 10. 702; 11. Margot's mitten; 12. boys' towels; 13. Salim's bike; 14. birds' chirping; 15. Charles's hat; 16. maple tree's leaves; 17. Kylie's books; 18. Mariko's goggles; 19. dis-; 20. re-; 21. dis-; 22. un-; 23. in-; 24. in-; 25. dis-; 26. dis-; 27. 270; 28. 250; 29. 240; 30. 630; 31. 240; 32. 160

Día 4/Página 9: 1. 18 libros; 2. 40 fotos; 3. 42 pájaros; 4. 4 mini magdalenas; 5. are; 6. make; 7. her; 8. brings; 9. we; 10. see; 11. their; 12. try; 13. 750 ruedas; 14. 2,250 ruedas; 15. large; 16. dried; 17. four; 18. good; 19. six; 20. many

Día 5/Página 11: 1. B; 2. 776 BC, Greece; 3. wreaths of olive branches; 4. The International Olympic Committee decided that the summer and winter Olympic Games should be held in different years.; 5. standing for or being an example of; 6. Host countries get a chance to show their culture to athletes, visitors, and spectators.; 7. 12; 8. 16; 9. 8; 10. 14; 11. 9; 12. 8; 13. 3; 14. 20; 15. softer, softest; 16. larger, largest; 17. flatter, flattest; 18. sweeter, sweetest; 19. wider, widest; 20. cooler, coolest

Día 6/Página 13: 1. 5; 2. 64; 3. 9; 4. 7; 5. 6; 6. 18; 7. 99; 8. 84; 9. 13; 10. 66; 11. 6; 12. 30; 13. 2; 14. 30; 15. 49; 16. 32 vasos; 17. 1 800 dólares; 18. 20 libras; 19. 435 envases; Las siguientes palabras deben encerrarse en un círculo: elephant, tent, Mr. Chip, team, book, California, guitar, Lake Street, Kent, strength, engine, broccoli.; Las siguientes palabras deberán ser subrayadas: sang, ate, fixed, laugh, landed, cleaned, yell, played, visited, write, see, tasted.

Día 7/Página 15: 1. respect; 2. generosity; 3. patience; 4. satisfaction; 5. silliness; 6. courage; 7. 30 alumnos; 8. Hay 95 alumnos en 3° grado y 100 alumnos en 4°. 9. Estudios sociales y matemáticas; 10. 20 alumnos más prefieren las matemáticas antes que la lectura en 3° grado. 25 estudiantes más prefieren las matemáticas antes que la lectura en 4to grado.; 11. 90; 12. 10; 13. 40; 14. 30; 15. 90; 16. 80; 17. 20; 18. 800; 19. 800; 20. 200; 21. 600; 22. CX, Before; 23. S; 24. CX, Unless; 25. C, and, but; 26. C, or; 27. CX, Although; 28. C, and; 29. CX, Because

Día 8/Página 17:

1. "I'd like to ride the Ferris wheel first," said Anya.; 2. "I'll meet you over there," said Kahlil, "after I get something to drink."; 3. "The fair seems even more crowded this year than last," commented Riley.; 4. "My favorite attraction is the bumper cars," said Jacob, "but I also love the giant slides."; 5. "I can't go on anything that spins," said Kahlil, "because it makes me feel sick."; 6. Riley pointed and said, "There's the frozen lemonade stand."; 7. Anya asked, "What time are you meeting your parents?"; 8. "The line is too long for the rocket ship ride," decided Oliver.; 9. 5 x 3 = 15; 10. 7 x 4 = 28; 11. 5 x 1 = 5; 12. 2 x 3 = 6; 13. A; 14. A; 15. B; 16. 340 gramos; 17. 10 kilogramos; 18. 925 mililitros

Día 9/Página 19: 1. 140 yd.; 2. 10 in.; 3. 20 cm; 4. 43 in.; 5. Lado A = 80 mm, Lado B = 80 mm; 6. Lado A = 5 cm, Lado B = 5 cm; 7. 117 pies cuadrados; 8. 51 pies cuadrados; 9. 96 pies cuadrados; 10. 12 pies cuadrados; 11. C; 12. to help rescue her family and help other slaves; 13. the network of people who helped slaves escape to freedom; 14. helped move slaves to freedom; 15. struggle between northern and southern states, mainly over slavery

Día 10/Página 21: $\frac{3}{6}$, $\frac{1}{2}$; $\frac{2}{3}$, $\frac{4}{6}$; $\frac{3}{3}$, 1; $\frac{1}{4}$, $\frac{2}{8}$; 1. My dog is ready to play, but my cat wants to nap.; 2. It may rain tonight, so the party will be indoors.; 3. A, B, D; 4. D; 5. A, B, C, D; 6. D; 7. A, B, C, D; 8. D; 9.–13. Las oraciones variarán.

Día 11/Página 23: 1. numb; 2. knead; 3. certain; 4. purchase; 5. sense; 6. wheat; 7. guide; 8. praise; 9. 6; 10. 6; 11. 7; 12. 9; 13. 4; 14. 8; 15. 6; 16. 4; 17. 5; 18. 3; 19.–22. Los adjetivos variarán.; 23. This o That; 24. This o That; 25. This o That; 26. These o Those

Día 12/Página 25: 1. 3; 2. 8; 3. 2; 4. My mom and stepdad were married in Portland, Oregon, on May 1, 1999.; 5. We had chicken, potatoes, corn, gravy, and ice cream for dinner.; 6. George Washington became the first U.S. president on April 30, 1789.; 7. Sam was born on June 16, 1947, in Rome, Italy.; 8. We saw deer, bears, elk, and goats on our trip.; 9. On July 24, 1962, in Boise, Idaho, I won the big race.; 10. 15, 3 x 5 = 15, 15 ÷ 3 = 5, 15 ÷ 5 = 3; 11. 7, 21 ÷ 7 = 3, 3 x 7 = 21, 7 x 3 = 21; 12. 5, 30 ÷ 5 = 6, 5 x 6 = 30, 6 x 5 = 30; 13. Rocky River, OH 44116;

14. Baltimore, MD 21218; 15. Harrisburg, PA 17111; 16. Lincoln, NE 68516; 17. Portland, OR 97215; 18. Colton, CA 92324

Día 13/Página 27: 1. 10, 5, 135; 2. 3, 3, 108; 3. 6, 6, 240; 4. 4, 4, 112; 5. 11, 11, 176; 6. knock; 7. hopped; 8. night; 9. baby; 10. different; 11. A; 12. Puerto Rico; 13. Pittsburgh; 14. helped people in Puerto Rico; 15. an earthquake; 16. to deliver supplies

Día 14/Página 29: 1. >; 2. <; 3. <; 4. >; 5. >; 6. <; 7. >; 8. >; 9. have good luck; 10. ill; 11. stay together; 12. ability to grow things; 13. cost a lot; 14.–19. Los alumnos deben dividir las formas tal como se indique.; 20. 11:20; 21. 3:47; 22. 6:04; 23. 12:40; 24. 8:55; 25. 2:28

Día 15/Página 31: 1. 71°, 86 − 9 = 77, 77 − 6 = 71; 2. 1 pulgada, 4 × 12 = 48, 48 + 4 = 52, 53 − 52 = 1; 3. 6 magdalenas, 17 + 19 = 36, 42 − 36 = 6; 4. 50 millas, 10:00 to 3:00 = 5 horas, 5 × 10 = 50; 5. jazz, They are instruments.; 6. tire, They are tools.; 7. dog, They are birds.; 8. Moon, They are planets.; 9. peach, They are vegetables.; 10. lazy, They are flowers.;

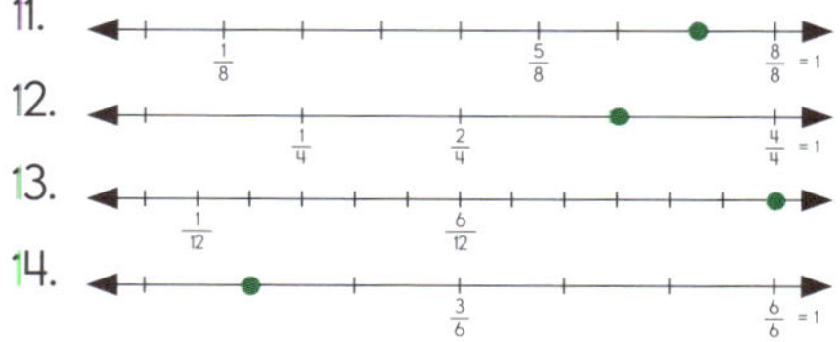

15. will cook; 16. will visit; 17. will go; 18. will read; 19. will show

Día 16/Página 33: 1.–11. Las respuestas variarán, pero pueden incluir: 1. saddest; 2. action; 3. direction; 4. safest/safety; 5. dirtiest; 6. hungriest; 7. invention; 8. preparation; 9. happiest; 10. heaviest; 11. honesty; 12. her; 13. him; 14. me; 15. us; 16. We; 17. They; 18. They, them; 19. well; 20. well; 21. better; 22. better; 23. best; 24. well; 25. worse

Día 17/Página 35: 1.–4. Las respuestas variarán.; 5. -est, sad; 6. -est, hungry; 7. -tion, prepare; 8. -tion, invent; 9. -ty, taste; 10. -ty, certain; 11. -ty, loyal; 12. -tion, direct; 13. -tion, suggest; 14. -est, lovely; 15. -est, sure; 16. B; 17. the main character of the Anne of Green Gables series; 18. She lived with her grandparents and went to school in a one-room schoolhouse.; 19. when she was 17;

20. It was a best-seller. Two films and at least seven TV shows have been made from it.; 21. to see where Anne Shirley grew up

Día 18/Página 37: 1. 80; 2. 90; 3. 84; 4. 96; 5. 78; 6. 94; 7. 76; 8. 95; 9. 76; 10. 84; 11. hatched; 12. looked; 13. used; 14. breathed; 15. changed; 16. started; 17. flattened; 18. vanished; 19. disappeared; 20. hopped; 21.–23. Las respuestas variarán.; 24. / (slash) or dot; 25. good; 26. better; 27. best; 28. bad; 29. worst; 30. good

Día 19/Página 39: 1. C; 2. The ropes sometimes broke.; 3. pull the elevator back up if the cables broke; 4. 1853, New York Crystal Palace Exhibition; 5. the Eiffel Tower and the Empire State Building; 6. They continued to sell Otis's design.; 7. 63; 8. 24; 9. 40; 10. 18; 11. 15; 12. 64; 13. 54; 14. 21; 15. 20; 16. 49; 17. 48; 18. 16; Las respuestas variarán.

Día 20/Página 41: 1. 224; 2. 155; 3. 190; 4. 188; 5. 125; 6. 148; 7. 207; 8. 161; 9. 166; 10. 154; 11. L; 12. A; 13. L; 14. L; 15. A; 16. A; 17. A; 18. A; 19. A; 20. A; 21. L; 22. L; 23. A; 24. L; 25. 42; 26. 31; 27. 34; 28. 31; 29. 10; 30. 11; 31. 23; 32. 11; 33. 12; 34. 10; 35. 14; 36. 20; 37. P, F, PR; 38. PR, F, P; 39. F, PR, P; 40. F, P, PR

Extra, página 43: 1. El agua hace que la tinta se disuelva y viaje a través del filtro de café; 2. La tinta se separa en diferentes colores.; 3. Las respuestas variarán.; 4. La capacidad de disolverse en agua; 5. El procedimiento.

Extra, página 44: 1. Entre más alta es la rampa, más rápido viaja el objeto.; 2. Las respuestas variarán.; 3. Rueda más rápido.; 4. Hacer una pregunta que será resuelta al hacer el experimento.; 5. Facilita el experimento al mostrar la relación entre la altura de la rampa y la velocidad del coche.

Extra, página 45: 1. 0°; 2. W; 3. E; 4. Los estudiantes deben trazar el primer meridiano.

Extra, página 46: 1. 500 km; 2. 175 km; 3. 550 km; 4. 900 km

Extra, página 47: 1. E; 2. H; 3. F; 4. J; 5. C; 6. D; 7. G; 8. I; 9. B; 10. A

Sección II

Día 1/Página 51: 1. H; 2. B; 3. A; 4. C; 5. E; 6. G; 7. D; 8. F; 9. B; 10. D; 11. A; 12. F; 13. G; 14. E; 15. C; 16. H; Las respuestas variarán.; 17. "Where is the big beach ball?" asked Jeff.; 18. Ilene exclaimed, "That is a wonderful idea!"; 19. "Come and do your work," Grandma said, "or you can't go with us."; 20. "Yesterday," said Ella, "I saw a pretty robin in the tree by my window."; 21. "I will always take care of my pets," promised Theodore.; 22. Rachel said, "Maybe we should have practiced more."; 23. Dr. Jacobs asked, "How are you, Pat?"; La escritura de los estudiantes variará.

Día 2/Página 53: : La escritura de los estudiantes variará.; Las siguientes palabras deben escribirse bajo Sustantivos comunes: ocean, class, holiday, boat, beans.; Las siguientes palabras deben escribirse bajo Sustantivos propios: Monday, November, July, Rex, North Carolina.; 1. B; 2. C; 3. two; 4. cent; 5. to; 6. sent; 7. too; 8. scent

Día 3/Página 55: 1. re–, to move again; 2. un–, not usual; 3. re–, to make new again; 4. un–, not common; 5. re–, to tell again; 6. umbrella; 7. Juan; 8. Amira and Becca; 9. Rachel; 10. toy; 11. bus; 12. wonderful; 13. warm; 14. worried; 15. who; 16. where; 17. weigh; 18. want; 19. won't

Día 4/Página 57: 1. $\overrightarrow{AB}$; 2. $\overleftrightarrow{GH}$; 3. $\overline{LM}$; 4. $\overline{CD}$; 5. $\overleftrightarrow{UT}$; 6. $\overrightarrow{WX}$; La escritura de los estudiantes variará.; 7. pears; 8. seem; 9. flour; 10. right; 11. won; 12. dough; 13. B; 14. A; 15. C; 16. C; 17. A

Día 5/Página 59: 1. 3:30; 2. 55 minutos; 3. 4:00; 4. 3:45; 5. 6, 6; 6. 3, 3; 7. 8, 8; 8. 4, 4; 9. 4, 4; 10. 4, 4; 11. Las formas en #8, #9 y #10 tienen el mismo número de lados y vértices; 12. 13,011; 13. 1,410; 14. 166; 15. 1,350; 16. 239; 17. 180; 18. 1,305; 19. 12,077; 20. 24,672; 21. 8,696; 22.–29. Los estudiantes deberán encerrar en un círculo las palabras que aparecen en anaranjado: 22. **usually** go; 23. **drive slowly**; 24. **often** begins; 25. plays **loudly**; 26. cheers **excitedly**; 27. pass **near**; 28. decorated **beautifully**; 29. **never** see

Día 6/Página 61: 1. 8, 16, 12, 18, 14; 2. 21, 15, 6, 12, 24; 3. 40, 32, 16, 28, 24, 36; 4. 45, 10, 30,

25, 35, 20; 5. pictures; 6. market; 7. cottage; 8. quarter; 9. pennies; 10. circus; 11. bell; 12. curtains; 13. chatter; 14. 60; 15. 54; 16. 124; 17. 91; 18. 107; 19. 15; 20. 80; 21. 28; 22. read; 23. knew; 24. told; 25. said; 26. heard; 27. bought; 28. found; 29. ate; 30. built

Día 7/Página 63: 1. 28, 32, and 18; 2. 16, 22, and 72; 3. 71, 82, and 98; 4. 63, 25, and 61; 5. 100, 206, and 200; 6. 79, 20, and 90; 7. make; 8. rolled; 9. enjoyed; 10. helps or helped; 11. places; 12. painted; 13. give; 14. I rode down the hill on a bike.; 15. My mom and I planted a garden in our backyard.; 16. All of the animals braced themselves when the elephants sneezed.; 17. Cory pulled a wagon full of bottles.; 18. 50 unidades cuadradas; 19. 157 unidades cuadradas; 20. 116 unidades cuadradas; 21. 172 unidades cuadradas

Día 8/Página 65: 1. My family visits Spring Grove, Minnesota, every year in the summer.; 2. Dear Grandpa,; 3. Yours truly,; 4. On October 9, 2009, Carolyn saw the play.; 5. My aunt and uncle live in North Branch, New York.; 6. Dear Jon,; 7. January 1, 2010; 8. Paris, Texas, is located in the northeastern part of the state.; 9. 150 litros; 10. 1 litro; 11. 10 kilogramos; 12. 100 gramos; 13. 11 pulgadas, 14. 15 centímetros; 15. 92; 16. 30; 17. 33; 18. 125; 19. 51; 20. 64; 21. 16; 22. 71; 23. 18; 24. 40; 25. 22; 26. 17

Día 9/Página 67: 1. 3; 2. 2; 3. 5; 4. 3; 5. 4; 6. 4; 7. 5; 8. 6; 9. correct; 10. correct; 11. careful; 12. correct; 13. garden; 14. babies; 15. correct; 16. correct; 17. movie; 18. correct; 19. He lets people borrow his skateboard, and he can be counted on.; 20. Yes, because she takes turns and is fair.; 21. Las respuestas variarán, pero pueden incluir: going to school, going to summer camp, going to the recreation center, skateboarding, and riding bikes.; 22. Las respuestas variarán; 23. It means that someone is always helpful and dependable.

Día 10/Página 69: 1. 36 personas; 2. 144 platos; 3. 28 veces más viejo; 4. 128 globos de agua; 5.–8. Las respuestas variarán.; 9. 394; 10. 663; 11. 258; 12. 28; 13. 226; 14. 312; 15. 2,688; 16. 3,589; 17. 2,835; 18. 5,464;

19.–26. Los estudiantes deben encerrar en un círculo las palabras en anaranjado.; 19. Antonio **is** going to soccer practice tomorrow.; 20. The girls **were** planning a sleepover for Friday.; 21. Samir **has** read that book at least three times.; 22. Mom and Dad **were** expecting you for dinner.; 23. Colin **has** used that same duffel bag for the last five years.; 24. Brandy **will** bring snacks to the game.; 25. Zara **is** joining the French club.; 26. Tonight, we **are** studying for the quiz at Annie's house.

Día 11/Página 71: 1. 14,485; 2. 17,723; 3. 2,074; 4. 15,908; 5. 7,658; 6. 1,244; 7. 18,621; 8. 19,739; 9. 15,878; 10. 22,319; 11. snowflakes, dancers; 12. highway, parking lot; 13. tornado, train; 14. excitement, electrical current; 15. fingers, icicles; 16. 1,847; 17. 4,280; 18. 9,999; 19. 7,068; 20. 855; 21. 6,804; 22. 5,432; 23. positive; 24. magnify; 25. follow; 26. urgent; 27. nurse; 28. twirl; 29. return; 30. worse

Día 12/Página 73: 1. 561, 500 + 60 + 1; 2. 486, 400 + 80 + 6; 3. 4,826, 4,000 + 800 + 20 + 6; 4. 2,121; 5. 3,211; 6. I; 7. E; 8. B; 9. C; 10. D; 11. A; 12. H; 13. F; 14. G; 15. give the sunglasses to the girl; 16. Las respuestas variarán.; Last summer, we went camping in Colorado. We went hiking and swimming every day. One time, I actually saw a baby white-tailed deer with spots. We also took photos of a lot of pretty rocks, flowers, and leaves. We had a great time. I didn't want to leave.

Día 13/Página 75: 1. 95°, obtuso; 2. 70°, agudo; 3. 110°, obtuso; 4. 90°, recto; 5. 70°, 25°, 70° + 25° = 95°; 6. B; 7. Empty the package into a microwave-safe bowl.; 8. water, milk, oatmeal, microwave-safe bowl, spoon, measuring cup; 9. B; 10. <; 11. >; 12. <; 13. >; 14. <; 15. <; 16. <; 17. <; 18. >; 19. >; 20. <; 21. <

Día 14/Página 77:

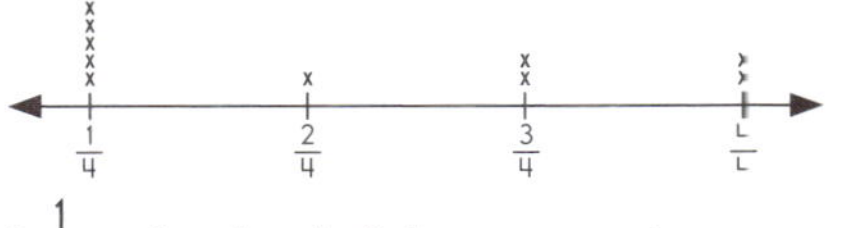

$1\frac{1}{4}$ pulgadas; 1.–8. Las respuestas variarán. Posibles respuestas: 1. behind the curtains; 2. under a shady tree; 3. to the garden; 4. up the mountain; 5. on the

table; 6. by the window; 7. beside Ella; 8. across the yard; 9. page 16; 10. page 40; 11. page 57; 12. ≠; 13. =; 14. ≠; 15. =

Día 15/Página 79: 1. 5,280 × 2 =10,560 pies; 2. 78 × 9 = 702 libras; 3. 4,800 ÷ 120 = 40 horas; 4. 2,542 − 1,268 = 1,274 pies; La escritura de los estudiantes variará.; 5. B; 6. C; 7. A; 8.–13. Las respuestas variarán.

Día 16/Página 81: Las siguientes palabras deben tener tres líneas dibujadas debajo de la primera letra:: Jane Goodall, Hampstead, London, Jubilee, Goodall, Gombe Stream National Park, Cambridge, Jane Goodall, Fifi, David, United Nations Messenger of Peace.; 1. Penny's dog Coco likes to eat special snacks.; 2. Oliver Owl is teaching Owen Owl to fly.; La escritura de los estudiantes variará.

Día 17/Página 83: 1. cm; 2. m; 3. cm, cm; 4. km; 5. km; 6. m; 7. m; 8. km; 9. =; 10. >; 11. <; 12. >; 13. >; 14. <; 15. <; 16. <; 17. >; 18. >; 19. =; 20. <; 21. 4 x 5 = 20 libros; 22. 108 ÷ 3 = 36 c; 23. 162 ÷18 = 9 años; 24. 133 ÷ 7 = 19 veces más; 25. Brooke will stay and tell Ms. Havel what happened.; 26. Las respuestas variarán.

Día 18/Página 85: 1. $\frac{7}{12}$; 2. $\frac{7}{8}$; 3. $\frac{2}{6}$; 4. $\frac{1}{10}$; 5. who; 6. who; 7. that; 8. which; 9. that; 10. that; 11. Las respuestas variarán.; 12. Las respuestas variarán.; 13. A; 14. S; 15. A; 16. S; 17. A; 18. A; 19. S; 20. A; 21. S; 22. A; 23. A; 24. S; Earth, plant, Plants, oxygen, sunlight, heat

Día 19/Página 87: 1. 112; 2. 112; 3. 21; 4. 52; 5. 18; 6. 55; 7. 36; 8. 91; 9. 72; 10. 168; 11. 128; 12. 110; 13. 566; 14. 54; 15. 570; 16. two; 17. read; 18. paws; 19. too; 20. too; 21. Red; 22. to;

23. $\frac{3}{3}$ o 1; 24. $\frac{9}{6}$ o $\frac{3}{2}$; 25. $\frac{2}{6}$ o $\frac{1}{3}$; 26. $\frac{4}{6}$ o $\frac{2}{3}$; 27. $\frac{4}{4}$ o 1; 28. $\frac{2}{2}$ o 1; 29. $\frac{8}{8}$ o 1; 30. $\frac{7}{5}$; 31. $\frac{6}{10}$ o $\frac{3}{5}$; Las siguientes palabras deben escribirse debajo de *Palabras compuestas*: buttermilk, airplane, snowstorm, football, daylight.; Las siguientes palabras se deben escribir debajo de las palabras con *prefijos* (prefixes) o *sufijos* (suffixes):

selection, replanted, sleepless, peaceful, unpacked.

Día 20/Página 89: 1. A; 2. A lot of rain falls quickly and fills the streets faster than they can drain.; 3. It could be swept away.; 4. listen to radio or TV news reports; 5. The author supports the point by stating the facts that trying to drive or walk in high water is very dangerous and that tap water can be made unsafe for drinking.; 6. listen to news reports to find out when you can return home and when the water from your tap will be safe to drink; 7. $\frac{3}{4}$; 8. $\frac{5}{3}$; 9. $\frac{12}{12}$ o 1; 10. $\frac{30}{8}$; 11. weightless; 12. thoughtful; 13. appointment

Extra, página 92: Heterogénea.

Extra, página 93: 1. 0; 2. N; 3. S; 4. Los estudiantes deben trazar el ecuador.

Extra, página 94: 1. Calgary; 2. Denver; 3. Boston; 4. Charleston; 5. Montreal; 6. Salt Lake City; 7. San Francisco

Extra, página 95: Los dibujos variarán.

Sección III

Día 1/Página 99: 1. 312; 2. 1,617; 3. 2,436; 4. 2,142; 5. 7,332; 6. 2,592; 7. 414; 8. 2,035; 9. 1,798; 10. 3,450; 11. go shopping for new clothes; 12. Las respuestas variarán.; 13. $2.50; 14. $0.05; 15. $0.20; 16. $3.58; 17. $10.65; 18. $0.45; 19. $6.05; 20. $15.00; 21. deceive; 22. accompany; 23. exercise; 24. sincerely; 25. particular; 26. patient; 27. friend; 28. beautiful; 29. instead; 30. because; 31. guard; 32. although

Día 2/Página 101: 1. A; 2. a drawing that shows how different living things are connected; 3. B; 4. by explaining how all living things are connected in an ecosystem's food web; 5. 10; 6. 24; 7. 2; 8. 4; 9. 2; 10. 20; 11. 4; 12. 12

Día 3/Página 103: Las respuestas variarán, pero los estudiantes deben respaldar sus opiniones; 1. O; 2. O; 3. F; 4. O; 5. F; 6. F; 7. F; 8. O; 9. O; 10. A; 11. radio station; 12. newsreels in movie theaters or articles in newspapers; 13. Las respuestas variarán. Posible respuesta: Edward Murrow was an American journalist who became famous for reporting from London on the radio during WWII.; 14. He started interviewing important people.

Día 4/Página 105: 1. 1 × 12, 2 × 6, 3 × 4; 2. 1 × 24, 2 × 12, 3 × 8, 4 × 6; 3. 1 × 15, 3 × 5; 4. 1 × 28, 2 × 14, 4 × 7; 5. 1 × 36, 2 × 18, 3 × 12, 4 × 9, 6 × 6; 6. 1 × 32, 2 × 16, 4 × 8; 7. igual a; 8. más que; 9. menos que; 10. igual a; 11. menos que; 12. igual a; 13. menos que; 14. igual a; 15. F, I; 16. I, F; 17. I, F; 18. F, I; 19. 15, 18, 21, 27; 20. 30, 36, 42, 54, 60; 21. 28, 32, 36, 40, 48; 22. 21, 18, 15, 12, 6; 23. 92, 90, 88, 84, 82

Día 5/Página 107: 1. read the books about Mexico to her grandmother; 2. Las respuestas variarán.; 3. $\frac{3}{10}$ o 0.3; 4. $\frac{9}{10}$ o 0.9; 5. $\frac{7}{10}$ o 0.7; 6. $\frac{1}{10}$ o 0.10; 7. $\frac{5}{10}$ o 0.5; 8. 0.3; 9. 1.7; 10. 3. 5; 11. $1\frac{9}{10}$; 12. $\frac{8}{10}$; 13. $3\frac{4}{10}$; 14. six empty water bottles; 15. musty brown cardboard box; 16. small pink teacup; 17. cozy gray wool sweater; 18. three large yellow plastic trucks; 19. small fresh Greek salad; 20. brown poisonous snake

Día 6/Página 109: 1. group of people living together; 2. in the city; 3. in the country; 4. $\frac{1}{6}$; 5. $\frac{2}{10}$ o $\frac{1}{5}$; 6. $\frac{1}{4}$; 7. $3\frac{4}{10}$ o $3\frac{2}{5}$; 8. $5\frac{1}{10}$; 9. $4\frac{1}{15}$; 10.–13. Las respuestas variarán. Posibles respuestas a continuación. 10. During the Depression, a girl writes in her journal about her worries on the farm and the help neighbors offer.; 11. Elizabeth is a hard worker. She worries about her family and their farm. She is grateful when neighbors help out and hopeful about the future.; 12. Tasks are easier when people work together. 13. first-person point of view, We learn about what Elizabeth's life is like and what her thoughts are. The reader gets the inside point of view.

Día 7/Página 111: 1. 1,500; 2. 6; 3. 25; 4. 1,000; 5. 8,500; 6. $\frac{1}{2}$; 7. 3; 8. 15; 9.–16. Los estudiantes deben encerrar en un círculo las oraciones en azul.: 9. <u>The cold weather</u> **caused frost to cover** **the windows.**; 10. <u>The falling snowflakes</u> **made my cheeks wet and cold.**; 11. **Snow stuck to my mittens** <u>because I had made a snowman.</u>; 12. **The snowman melted** <u>from the heat of the sun.</u>; 13. <u>I swam so long in the pool</u> that I had to put on more sunscreen.; 14. Cayce missed the bus <u>because she overslept.</u>; 15. <u>Because Shay watched a scary movie on TV,</u> she could not fall asleep.; 16. <u>The lady was thirsty,</u> so she went to get a glass of water.; Las respuestas variarán, pero los estudiantes deben incluir detalles descriptivos y diálogos en sus escritos.; 17. <; 18. <; 19. >; 20. <; 21. >; 22. >; 23. >; 24. <; 25. <; 26. =; 27. <; 28. <

Día 8/Página 113: 1. B; 2. It is easy to get from one point in a city to another.; 3. A; 4. after a fire destroyed most of London, England; 5. Philadelphia's streets are wide, organized, and easy to walk down, and London's streets are not.; 6.–9. Compruebe la simetría de los trabajos de los alumnos.; 10. hard; 11. honk; 12. fingers; 13. round; 14. fly; 15. small; 16. pencil

Día 9/Página 115: 1. Greg, Kipley, José y Kira; 2. Día 1; 3. 2; 4. Naomi; 5. cinco; 6. Él no es un estudiante nuevo.; La escritura de los estudiantes variará; 7. no; 8. yes; 9. no; 10. yes; 11. no; 12. no; 13.–16. La escritura de los estudiantes variará; Posibles respuestas: 13. I will be eating lunch.; 14. I am working on *Summer Bridge Activities.*; 15. I was riding my bike to the pool.; 16. I will be eating spaghetti and meatballs.

Día 10/Página 117: 1.–4. Las respuestas variarán. Posibles respuestas: 1. He wants to thank the king for helping Silenus.; 2. Dionysus is wiser than the king. He realizes that changing everything to gold is a terrible idea.; 3. Be careful what you wish for, and don't be greedy. Fables also have morals.; 4. The king will ask Dionysus to reverse his wish.; 5. $\frac{34}{100}$; 6. $\frac{70}{100}$; 7. $\frac{82}{100}$; 8. $\frac{65}{100}$; 9. $\frac{95}{100}$; 10. $\frac{75}{100}$; 11. $\frac{70}{100}$; 12. $\frac{95}{100}$; 13. $\frac{90}{100}$; 14. $\frac{89}{100}$; 15. $\frac{56}{100}$; 16. $\frac{32}{100}$; Las respuestas variarán, pero los escritos de los estudiantes deben incluir una secuencia lógica de los acontecimientos.

Día 11/Página 119: 1. B; 2. A; 3. A; 4. $3.39; 5. $6.41; 6. $2.89; 7. $1.06; 8. $2.89; 9. $6.28; 10. $2.09; 11. $2.11; 12. $3.89; 13. $1.89; La escritura de los estudiantes variará.

Día 12/Página 121: 1. 1,807 R1; 2. 85 R7; 3. 177 R6; 4. 107; 5. 251 R2; 6. 1,156; 7. 125 R3; 8. 1,271; 9. 74 R4; 10. 159; 11. 111 R1; 12. 250 R2; La escritura de los estudiantes variará.; 13. B; 14. Las respuestas variarán, pero pueden incluir: boxes and books.; 15. Las respuestas variarán, pero pueden incluir: lemonade and orange juice.; 16. Las respuestas variarán, pero pueden incluir: air and helium.; 17. ice, water, steam/vapor; 18. Solids have a certain shape that is difficult to change. Liquics take the shape of the container they are in. Gases fill the space they are in.

Día 13/Página 123: 1. 1; 2. 1; 3. $\frac{5}{7}$; 4. 1; 5. $\frac{2}{7}$; 6. $\frac{5}{5}$; 7. I; 8. ewe; 9. eye; 10. where; 11. you; 12. wear; 13. <u>spect</u>acles; 14. <u>geo</u>logy; 15. thermo<u>meter</u>; 16. <u>aqua</u>rium; 17. <u>ped</u>al; 18. <u>inter</u>rupt; 19. <u>tri</u>plets; 20. auto<u>graph</u>; La escritura de los estudiantes variará.

Día 14/Página 125: 1. C; 2. You will have a better chance of being a healthy adult later.; 3. The author gives the reasons that good health now can help you with your homework and help you become a healthy adult later.; 4. fresh fruit; 5. go for a walk with your family; 6. Los párrafos de los estudiantes variarán.; 7. $\frac{1}{4} + \frac{1}{4} + 1\frac{1}{4} = 1\frac{3}{4}$, $2 - 1\frac{3}{4} = \frac{1}{4}$ hora; 8. $\frac{1}{3} + \frac{2}{3} + \frac{1}{3} = 1\frac{1}{3}$ millas; 9. $\frac{5}{8} + \frac{1}{8} + \frac{3}{8} + 2 = 2\frac{9}{8} = 3\frac{1}{8}$ libras; 10. $\frac{16}{16} - \frac{5}{16} - \frac{9}{16} = \frac{2}{16}$ o $\frac{1}{8}$ de la ropa; Las siguientes palabras deben ser encerradas en un círculo: Ninth, Street, Hillside, Maine, March, Skateboards, More, Rock, Avenue, Detroit, Michigan, Whom, It, May, Concern, It, Please, Sincerely, Wesley, Diaz.

Día 15/Página 127: 1. 16,266; 2. 46,300; 3. 1,140; 4. 25,312; 5. 5,442; 6. 60,312; 7. 55,638; 8. 10,962; 9. Raven has a new backpack. It is green with many zippers.; 10. Katie borrowed my pencil. She plans to draw a map.; 11. Zoe is outside. She is on the swings.; 12. Zack is helping Dad. Elroy is helping Dad too.; 13. B; 14. snowflakes; 15. C; 16. when it lands on a rosy maiden's cheek

Día 16/Página 129: 1. Las respuestas variarán, pero pueden incluir: a forest, in the woods.; 2. summer; 3. the wind blowing through the pine trees, the creek nearby, and the screech of a hawk; 4. Las respuestas variarán.; La escritura de los estudiantes variará.; 5. 375; 6. 1,306; 7. 1,213; 8. 1,031; 9. 3,913; 10. 9,235; 11. 8,390; 12. 7,258; 13. 10,237; 14. 4,355; 15. 1,369,000; 16. 502,100,007; 17. Trescientos setenta y cinco millones cuatrocientos tres mil ciento uno.; 18. Ochocientos noventa y cuatro millones trescientos treinta y seis mil cuarenta y cinco.

Día 17/Página 131: 1. 0.59; 2. 1.64; 3. 0.89; 4. 3.08; 5. 4.49; 6. 4.89; 7. 1.81; 8. 0.37; 9. 3.89; 10. 3.26; 11. B; 12. shorter; 13. Las respuestas variarán, pero pueden incluir: key points, main idea, names of characters.; 14. 0.15; 15. 0.7; 16. 0.58; 17. 0.09; 18. 0.6; 19. 0.6; 20. 0.81; 21. 0.32; 22. 0.05; 23. 0.5; 24. 0.55; 25. 0.3; 26. S; 27. F; 28. R; 29. F; 30. S

Día 18/Página 133: 1. globe; 2. encyclopedia; 3. dictionary; 4. encyclopedia; 5. globe; 6. globe; 7. encyclopedia; 8. dictionary; 9. dictionary; 10. As a bird of prey, the American kestrel eats insects, mice, lizards, and other birds.; 11. Birds of prey, such as hawks, have hooked beaks and feet with claws.; 12. Falcons are powerful fliers, and they can swoop from great heights.; 13. The American kestrel, the smallest North American falcon, is only 8 inches (20.3 cm) long.; 14. "Kim, let's look at this book about falcons."; 15. A; 16. the supplies they use and the results they find; 17. Everyone learns a little more.; 18. library; 19. to help you set up and make sure you are being safe; 20. No, because some of the greatest scientific discoveries were made by mistake.

Día 19/Página 135: 1.–4. Las respuestas variarán. Posibles respuestas mostradas. 1. Ava is intelligent, persistent, and a little stubborn. She is very interested in science and she doesn't give up. She won't accept help.; 2. frustration, annoyance; Her project isn't going as planned, and she stomps her foot.; 3. Ava, who hopes to be a scientist one day, is working on a science fair project. She has some trouble but keeps working at it.; 4. Las respuestas variarán.; 5. 2, 4; 6. 0, 1; 7. 2, 0; 8. 1, 0; 9. 4, 0

Día 20/Página 137: 1. 3,418; 2. 1,086; 3. 3,078; 4. 4,696; 5. 2,228; 6. 8,600; 7. 2,271; 8. 6,323; 9. 676; 10. 5,620; 11. 50,000; 12. 4,000; 13. 9,000; 14. 50,000; 15. 600; 16. 20,000; 17. 200,000; 18. 70,000; 19. A; 20. It has 13 red and white stripes and 50 white stars on a blue field.; 21. It has a red maple leaf on a white background between two bands of red.; 22. There is a single star on the state flag that symbolizes Texas's independence from Mexico.

Extra, página 139: El segundo ensayo fue más ruidoso.

Extra, página 140: El tarro tibio.; Las respuestas variarán.

Extra, página 141: 1. ganado lechero; 2. ganado lechero; 3. Los estudiantes deben enumerar dos de los tres: pescado, pollo o ganado vacuno; 4. cultivos; 5. Las respuestas variarán.

Extra, página 142: Con la ayuda de un atlas, compruebe la exactitud de los dibujos de los estudiantes.

Extra, página 143: 1. : occidental; 2. oriental; 3. oriental; 4. occidental; 5. oriental; 6. oriental

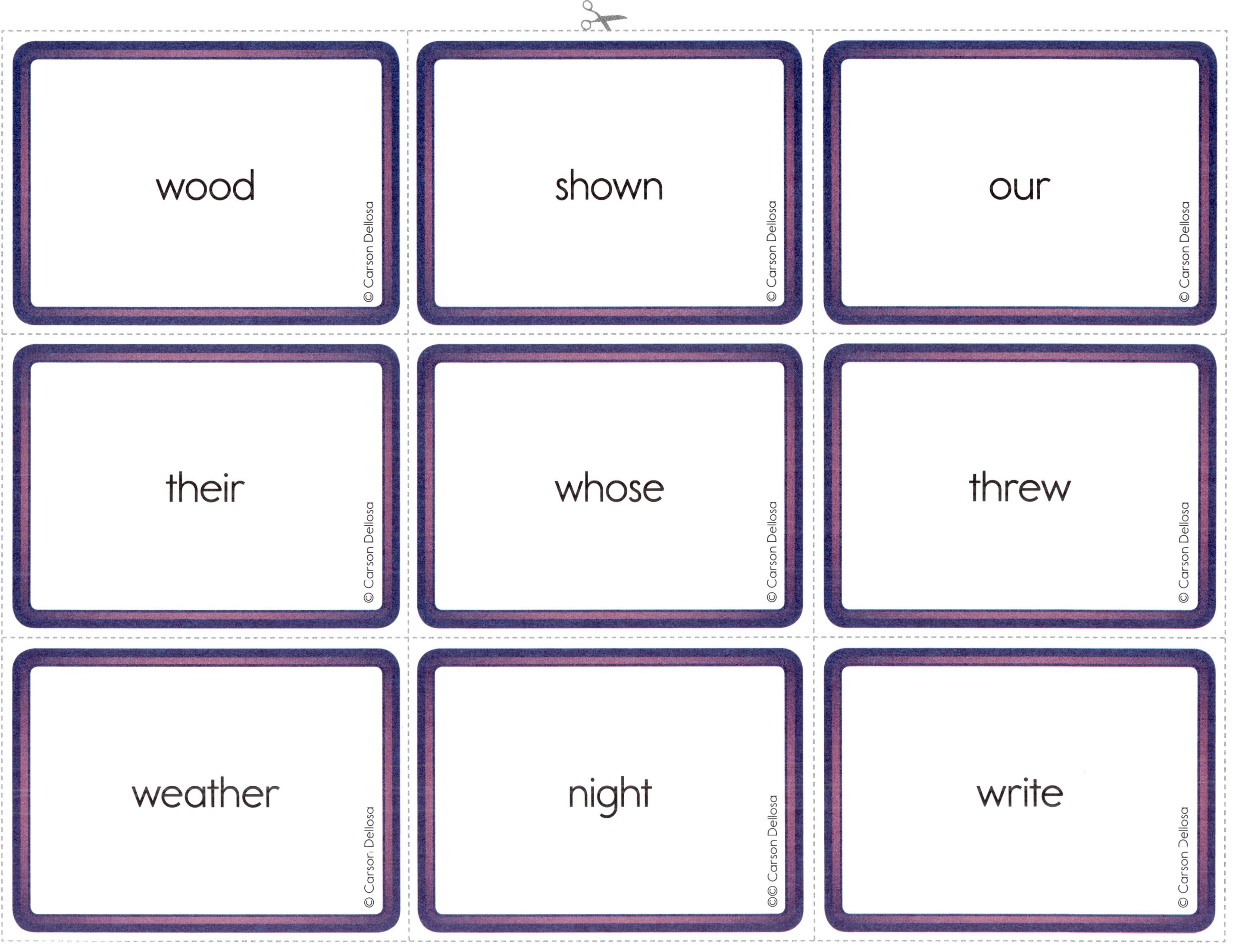

© Carson Dellosa

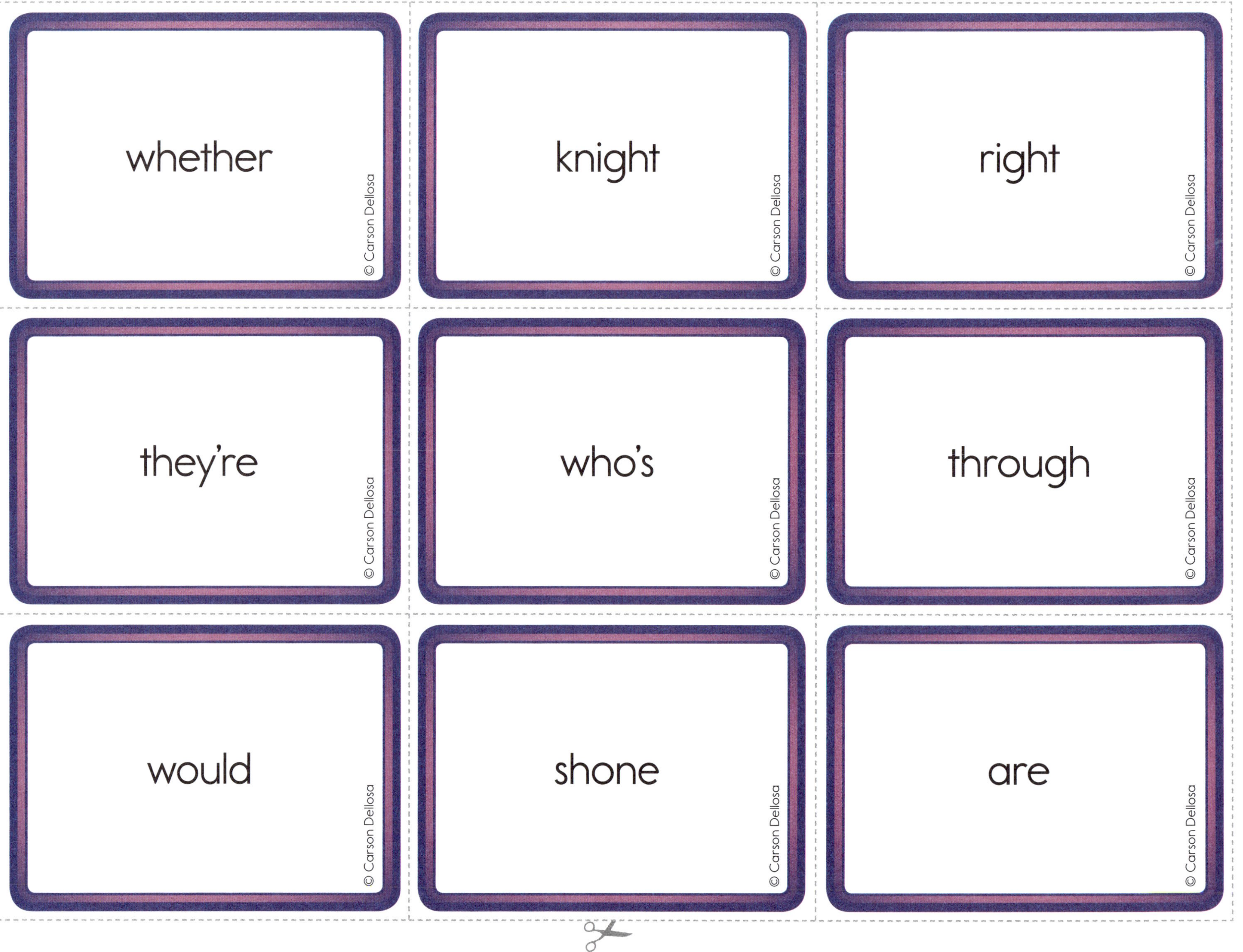

whether
knight
right
they're
who's
through
would
shone
are
© Carson Dellosa

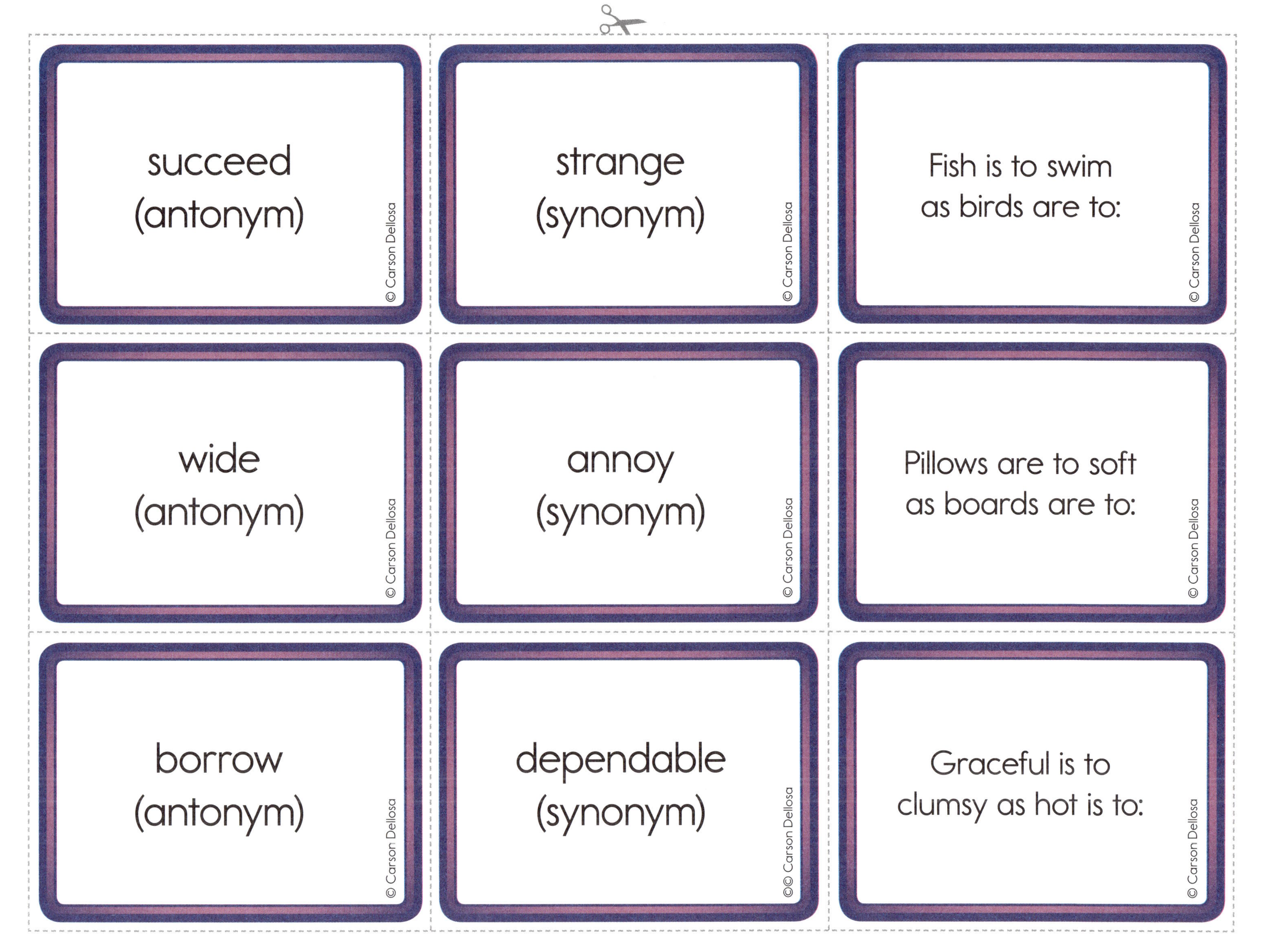

succeed
(antonym)
© Carson Dellosa

strange
(synonym)
© Carson Dellosa

Fish is to swim
as birds are to:
© Carson Dellosa

wide
(antonym)
© Carson Dellosa

annoy
(synonym)
© Carson Dellosa

Pillows are to soft
as boards are to:
© Carson Dellosa

borrow
(antonym)
© Carson Dellosa

dependable
(synonym)
©© Carson Dellosa

Graceful is to
clumsy as hot is to:
© Carson Dellosa

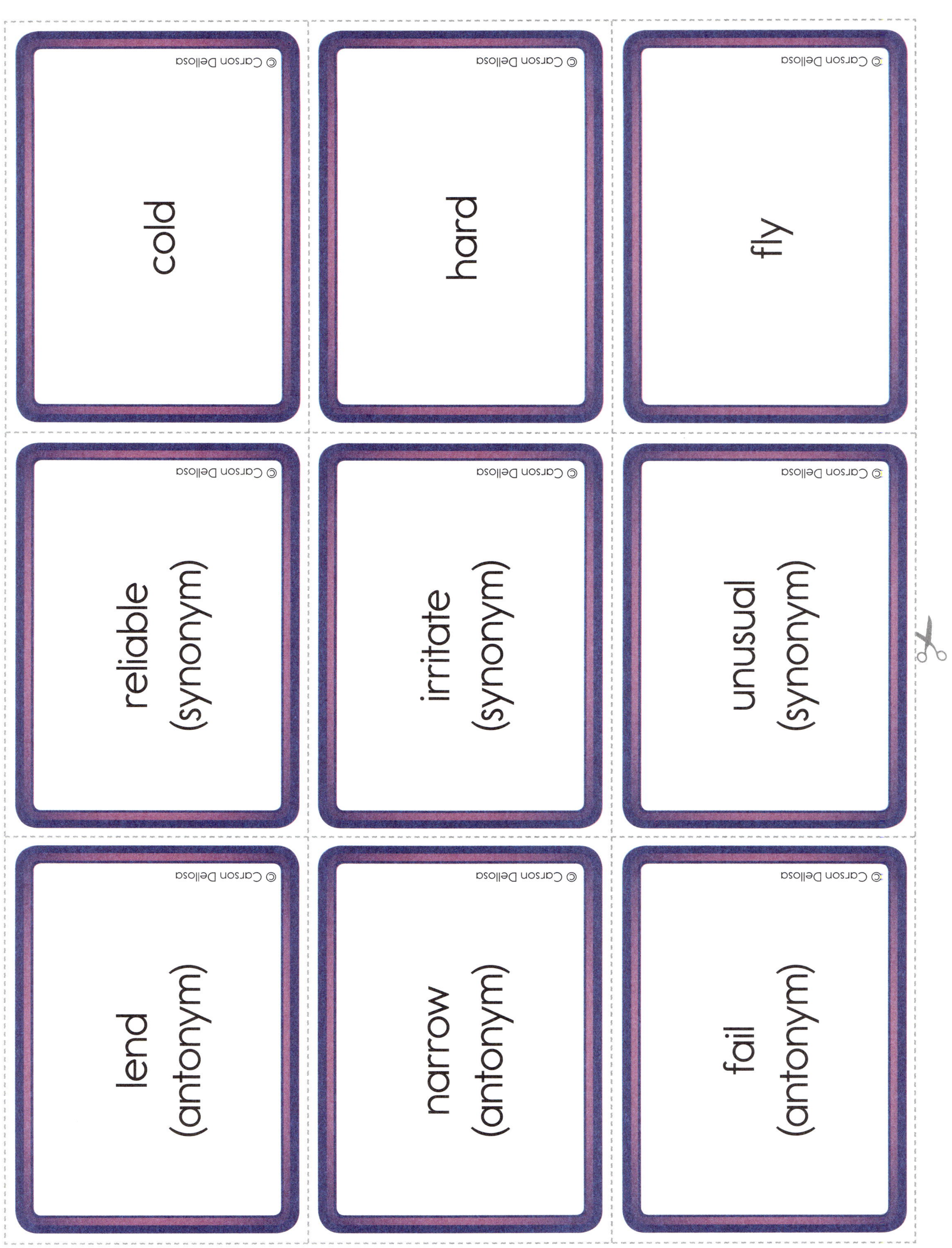

cold
hard
fly
reliable
(synonym)
irritate
(synonym)
unusual
(synonym)
lend
(antonym)
narrow
(antonym)
fail
(antonym)

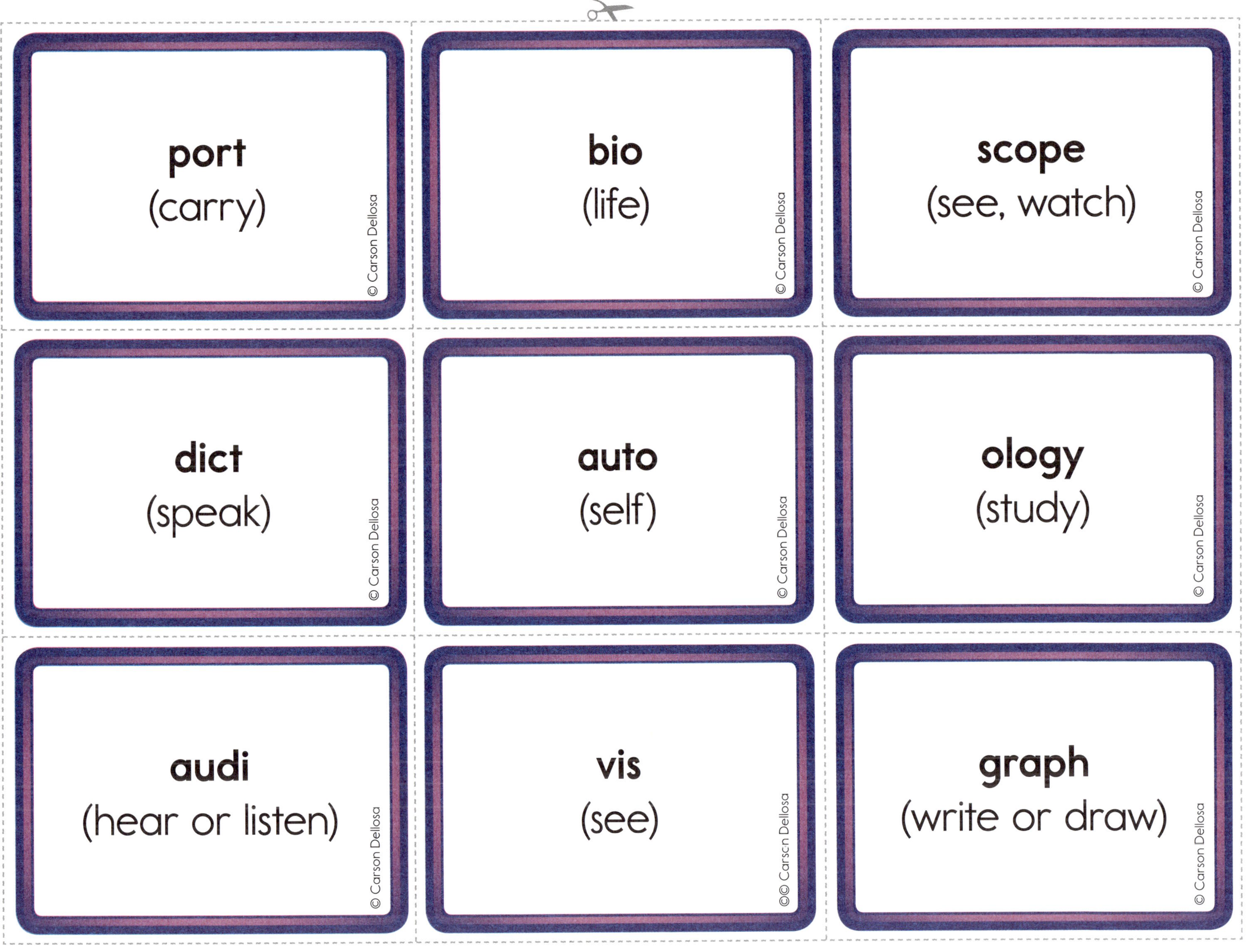

port
(carry)
bio
(life)
scope
(see, watch)
dict
(speak)
auto
(self)
ology
(study)
audi
(hear or listen)
vis
(see)
graph
(write or draw)
© Carson Dellosa

transport
export
portable

© Carson Dellosa

predict
dictator
contradict

© Carson Dellosa

audience
auditorium
audition

© Carson Dellosa

biography
biologist
antibiotic

© Carson Dellosa

automatic
autograph
automobile

© Carson Dellosa

vision
supervisor
invisible

© Carson Dellosa

microscope
telescope
stethoscope

© Carson Dellosa

biology
zoology
geology

© Carson Dellosa

autograph
paragraph
photograph

© Carson Dellosa

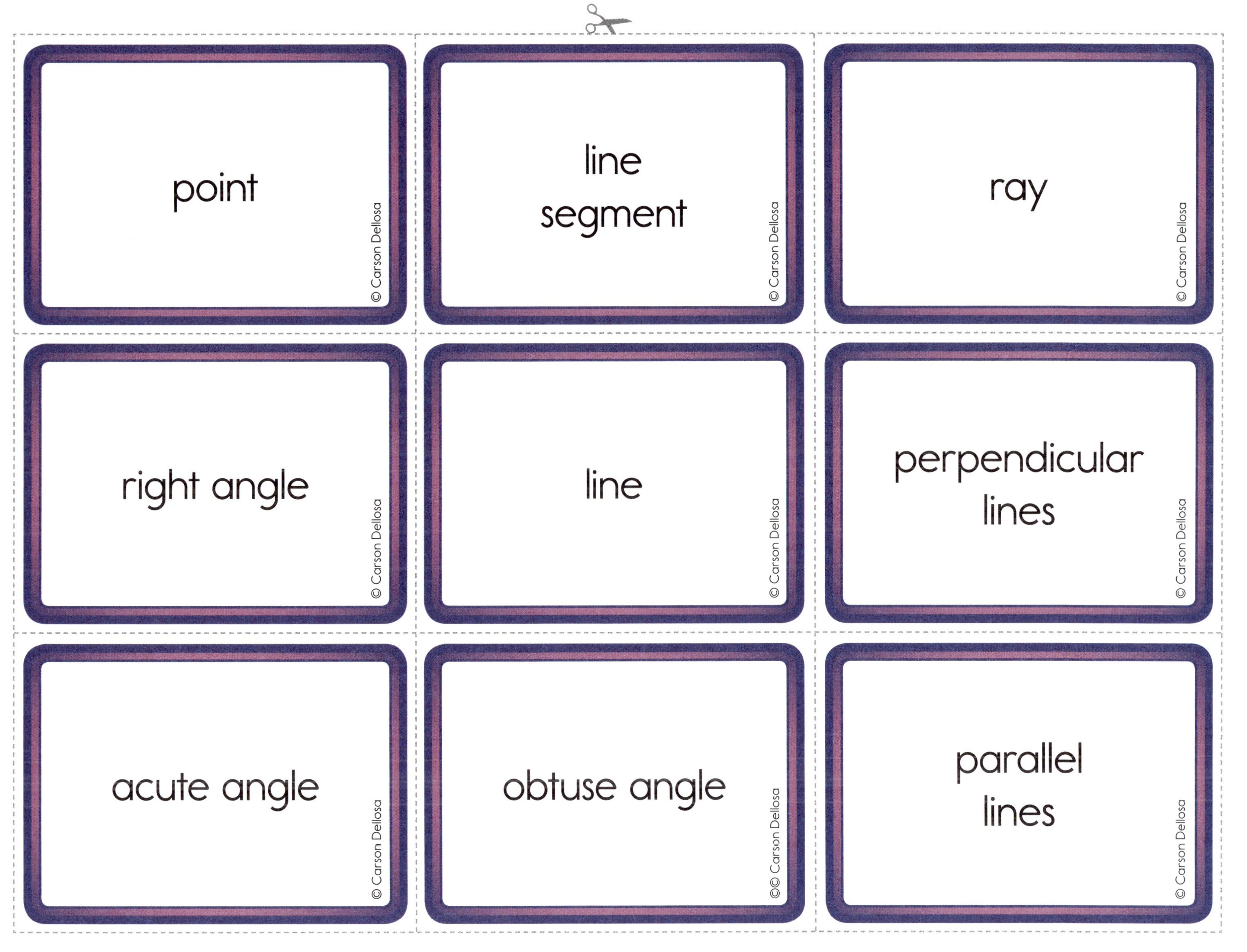

point
© Carson Dellosa
line segment
© Carson Dellosa
ray
© Carson Dellosa
right angle
© Carson Dellosa
line
© Carson Dellosa
perpendicular lines
© Carson Dellosa
acute angle
© Carson Dellosa
obtuse angle
©© Carson Dellosa
parallel lines
© Carson Dellosa

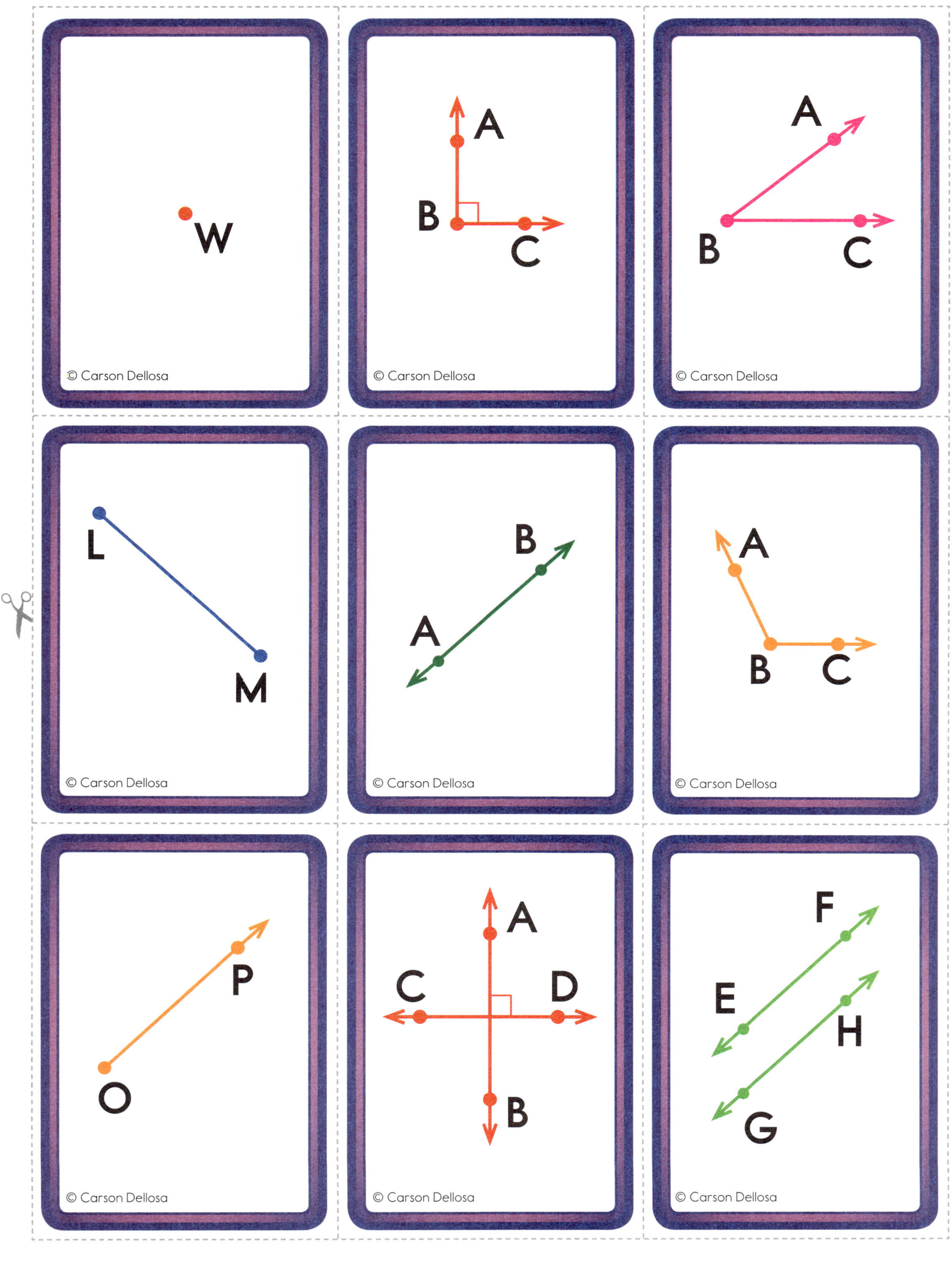
W
A
B
C
A
B
C
L
M
A
B
A
B
C
O
P
A
C
D
B
F
E
H
G
© Carson Dellosa

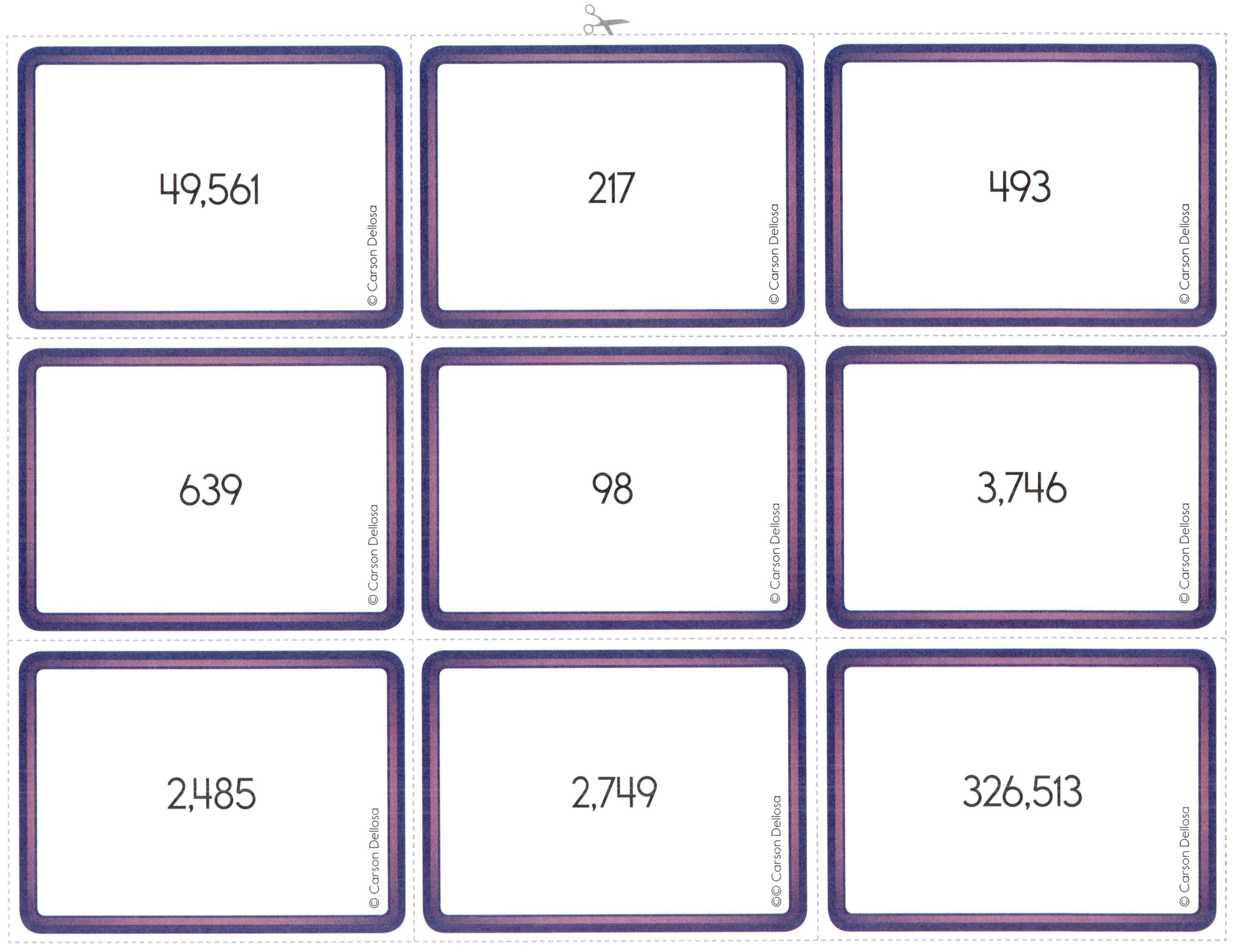

49,561
217
493
639
98
3,746
2,485
2,749
326,513

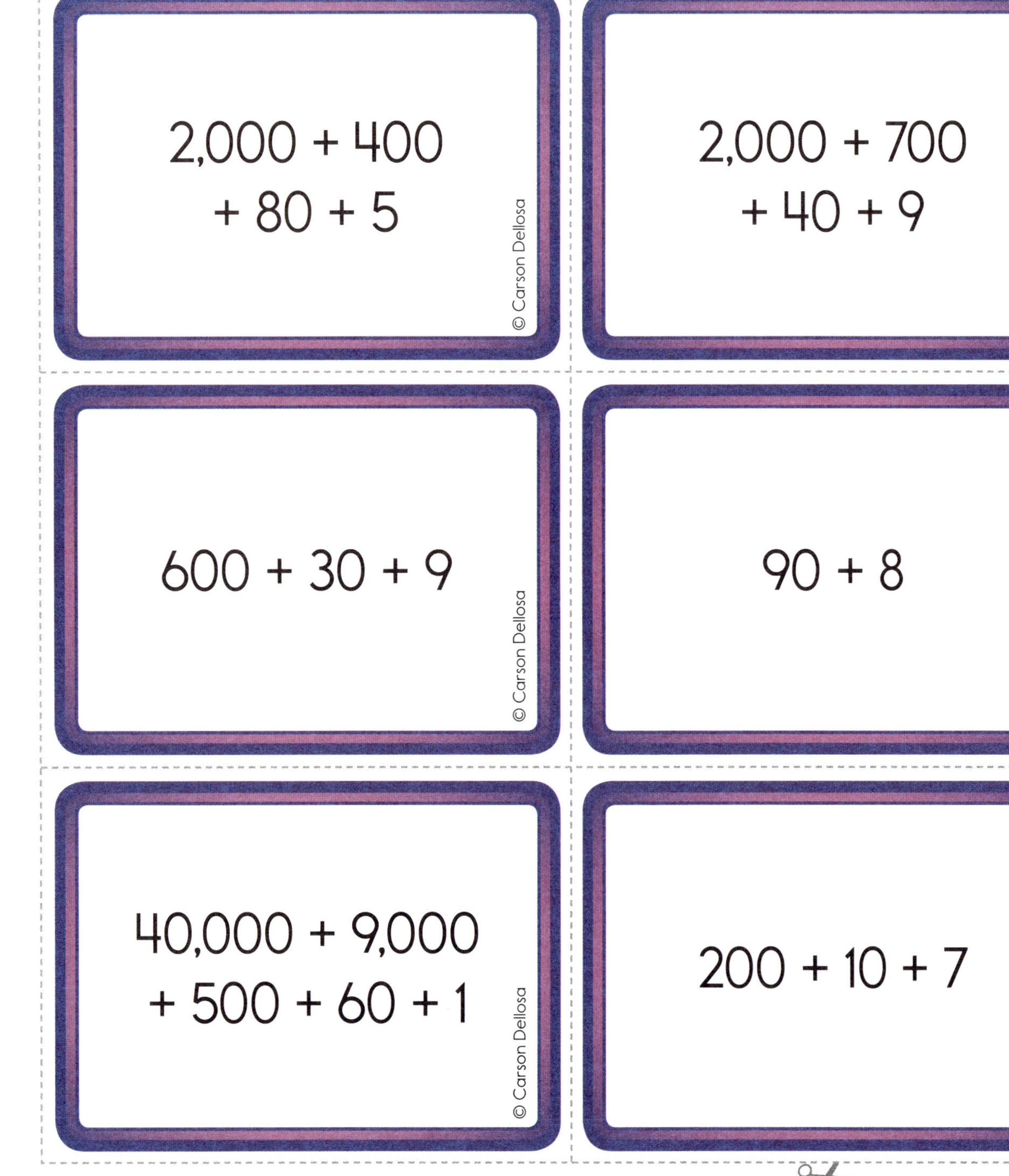

2,000 + 400 + 80 + 5

© Carson Dellosa

2,000 + 700 + 40 + 9

© Carson Dellosa

300,000 + 20,000 + 6,000 + 500 + 10 + 3

© Carson Dellosa

600 + 30 + 9

© Carson Dellosa

90 + 8

© Carson Dellosa

3,000 + 700 + 40 + 6

© Carson Dellosa

40,000 + 9,000 + 500 + 60 + 1

© Carson Dellosa

200 + 10 + 7

© Carson Dellosa

400 + 90 + 3

© Carson Dellosa

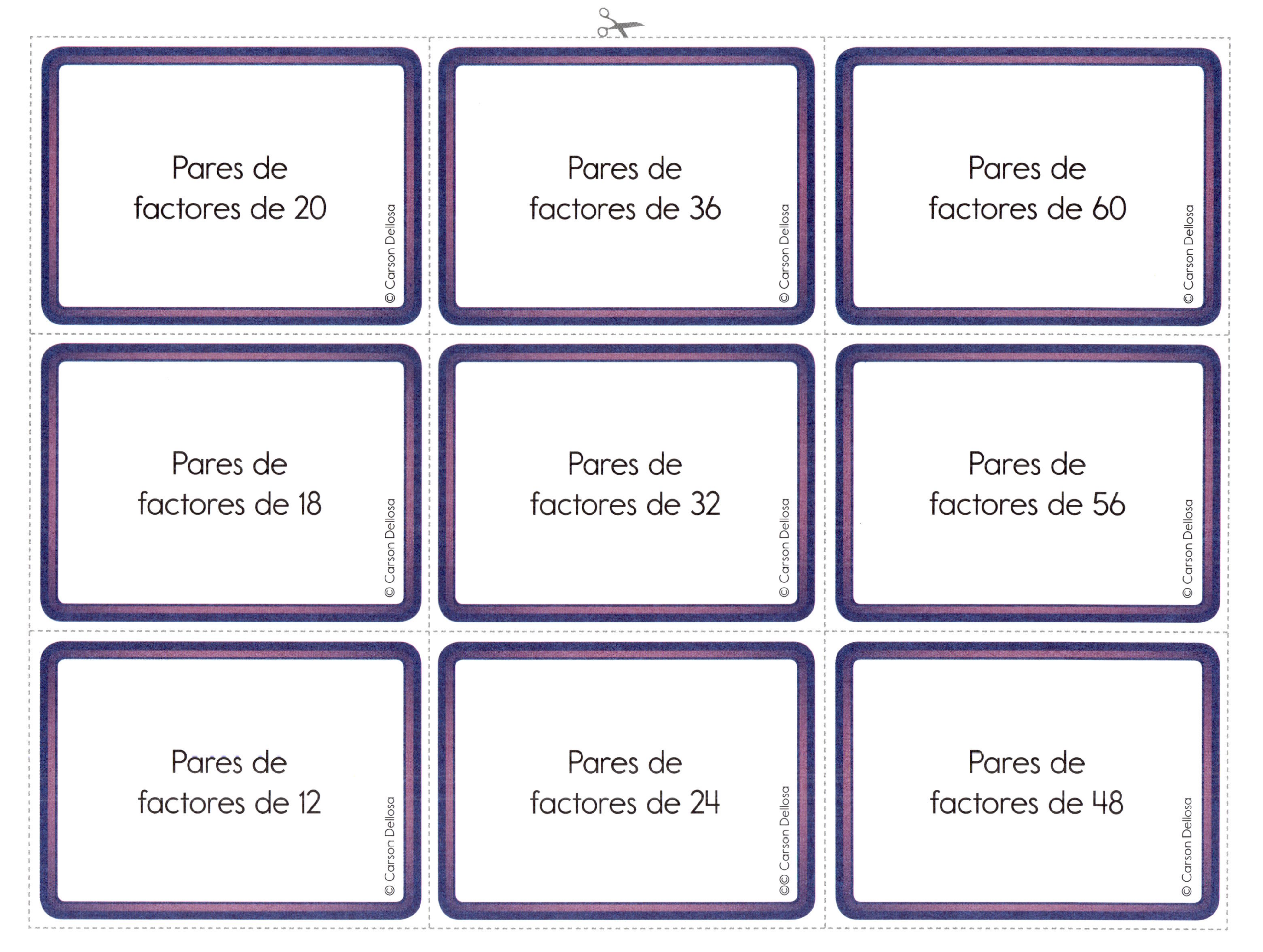

Pares de factores de 20
© Carson Dellosa
Pares de factores de 36
© Carson Dellosa
Pares de factores de 60
© Carson Dellosa
Pares de factores de 18
© Carson Dellosa
Pares de factores de 32
© Carson Dellosa
Pares de factores de 56
© Carson Dellosa
Pares de factores de 12
© Carson Dellosa
Pares de factores de 24
©© Carson Dellosa
Pares de factores de 48
© Carson Dellosa

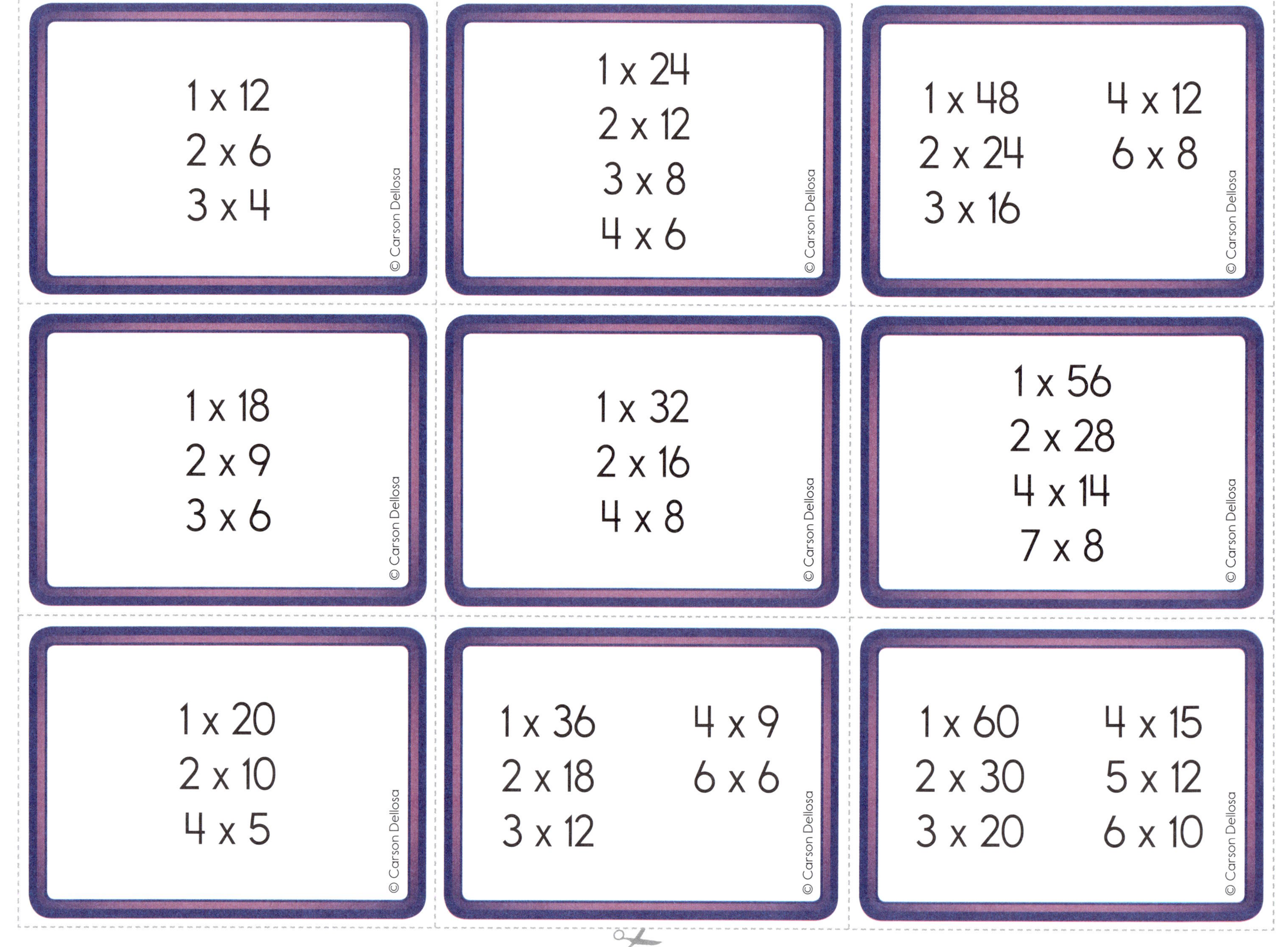

1 x 12
2 x 6
3 x 4
© Carson Dellosa

1 x 24
2 x 12
3 x 8
4 x 6
© Carson Dellosa

1 x 48   4 x 12
2 x 24   6 x 8
3 x 16
© Carson Dellosa

1 x 18
2 x 9
3 x 6
© Carson Dellosa

1 x 32
2 x 16
4 x 8
© Carson Dellosa

1 x 56
2 x 28
4 x 14
7 x 8
© Carson Dellosa

1 x 20
2 x 10
4 x 5
© Carson Dellosa

1 x 36   4 x 9
2 x 18   6 x 6
3 x 12
© Carson Dellosa

1 x 60   4 x 15
2 x 30   5 x 12
3 x 20   6 x 10
© Carson Dellosa

© Carson Dellosa
© Carson Dellosa
© Carson Dellosa
©© Carson Dellosa
© Carson Dellosa
© Carson Dellosa
© Carson Dellosa
© Carson Dellosa
© Carson Dellosa

$$\frac{1}{4}$$

$$\frac{2}{8} = \frac{1}{4}$$

$$\frac{3}{12} = \frac{1}{4}$$

© Carson Dellosa

$$\frac{1}{3}$$

$$\frac{2}{6} = \frac{1}{3}$$

$$\frac{3}{9} = \frac{1}{3}$$

© Carson Dellosa

$$\frac{1}{2}$$

$$\frac{3}{6} = \frac{1}{2}$$

$$\frac{4}{8} = \frac{1}{2}$$

© Carson Dellosa

$$\frac{1}{5}$$

$$\frac{2}{10} = \frac{1}{5}$$

$$\frac{3}{15} = \frac{1}{5}$$

© Carson Dellosa

$$\frac{3}{4}$$

$$\frac{6}{8} = \frac{3}{4}$$

$$\frac{9}{12} = \frac{3}{4}$$

© Carson Dellosa

$$\frac{2}{3}$$

$$\frac{4}{6} = \frac{2}{3}$$

$$\frac{6}{9} = \frac{2}{3}$$

© Carson Dellosa

$$1$$

$$\frac{4}{4} = 1$$

$$\frac{7}{7} = 1$$

© Carson Dellosa

$$\frac{5}{6}$$

$$\frac{10}{12} = \frac{5}{6}$$

$$\frac{15}{18} = \frac{5}{6}$$

© Carson Dellosa

$$\frac{4}{5}$$

$$\frac{8}{10} = \frac{4}{5}$$

$$\frac{12}{15} = \frac{4}{5}$$

© Carson Dellosa

Summer Bridge
ACTIVITIES®
PARA HISPANOHABLANTES

¡Felicitaciones!

Se certifica que

Nombre

ha completado Summer Bridge Activities® para Hispanohablantes.

Firma del padre o madre